G. Oetzmann

Commodore-Volkscomputer

Programmieren von Mikrocomputern

Die Bände dieser Reihe geben den Benutzern von Heimcomputern, Hobbycomputern bzw. Personalcomputern über die Betriebsanleitung hinaus zusätzliche Anwendungshilfen. Der Leser findet wertvolle Informationen und Hinweise mit Beispielen zur optimalen Ausnutzung seines Gerätes, besonders auch im Hinblick auf die Entwicklung eigener Programme.

Bisher erschienene Bände

Band 1   **Einführung in BASIC**
von W. Schneider

Band 2   **Lehr- und Übungsbuch für die Rechnerserien cbm 2001 und cbm 3001**
von G. Oetzmann

Band 3   **BASIC für Fortgeschrittene**
von W. Schneider

Band 4   **Einführung in PASCAL**
von W. Schneider

Band 5   **Lehr- und Übungsbuch für die Rechnerserien cbm 4001 und cbm 8001**
von G. Oetzmann

Band 6   **BASIC-Programmierbuch zu den grundlegenden Ablaufstrukturen der Datenverarbeitung**
von E. Kaier

Band 7   **Lehr- und Übungsbuch für Commodore-Volkscomputer**
von G. Oetzmann

Programmieren von Mikrocomputern Band 7

Gerhard Oetzmann

Lehr- und Übungsbuch für Commodore-Volkscomputer

Mit zahlreichen Beispielen,
10 vollständigen Programmen
und 31 Bildern

Springer Fachmedien Wiesbaden GmbH

CIP-Kurztitelaufnahme der Deutschen Bibliothek

Oetzmann, Gerhard:
Lehr- und Übungsbuch für Commodore-Volkscomputer /
Gerhard Oetzmann.
    (Programmieren von Mikrocomputern; Bd. 7)
    ISBN 978-3-528-04232-5   ISBN 978-3-663-14059-7 (eBook)
    DOI 10.1007/978-3-663-14059-7

Ne: GT

1983

Satz: Vieweg, Braunschweig

ISBN 978-3-528-04232-5

Inhaltsverzeichnis

Vorwort

In vielen Bereichen des beruflichen Alltags findet man heute Mikrocomputer. Neuerdings ziehen diese Geräte auch in unsere Wohnungen ein. In der Form des Volks-Computers werden sie an ein (Farb-)Fernsehgerät angeschlossen und stehen für ernsthafte wie für unterhaltsame Anwendungen zur Verfügung. Voraussetzung ist der Besitz entsprechender Programme, die man kaufen oder in der Sprache BASIC selbst erstellen kann.

Dieses Buch wendet sich an Leser, die lernen wollen, Commodore Volks-Computer zu programmieren. Der Autor geht davon aus, daß dem Leser ein derartiger Computer zur Verfügung steht. Daher sind zahlreiche Experimente und Aufgaben aufgenommen worden, deren Ausführung bzw. Bearbeitung die Basis bilden für das effektive Erlernen der Programmierung.

Vorkenntnisse über Aufbau und Funktionsweise von Digitalrechnern sind nicht unbedingt erforderlich. Die Eigenarten der Programmierung werden an populären Aufgaben und einfachen mathematischen Problemen demonstriert. Die dafür erforderlichen Mathematikkenntnisse beschränken sich im wesentlichen auf die Grundlagen der Algebra.

Zu danken habe ich meiner Frau für die umfassende Unterstützung und die Übernahme der Schreibarbeiten. Ich danke auch der Geschäftsführung der COMMODORE Büromaschinen GmbH, die die Entstehung dieses Buches durch die vorübergehende Überlassung eines VC 20 gefördert hat. Nicht zuletzt gilt mein Dank den Mitarbeitern des Verlages für die reibungslose Zusammenarbeit.

G. Oetzmann

Hamburg, im Frühjahr 1983

1 Was ist Programmierung?

Ihr Mikrocomputer kann erst für Sie tätig werden, wenn Sie ihm eine Arbeitsanweisung erteilen. Dabei ist nicht an eine elementare Anweisung wie etwa „addiere 2 Zahlen" gedacht, sondern an eine Folge solch elementarer Schritte. In ihrer Gesamtheit sollen sie geeignet sein, eine bestimmte Aufgabe zu bearbeiten, z. B. ein Rechteck auf den Bildschirm zu zeichnen oder die Lösungen einer quadratischen Gleichung auszurechnen. Derartig umfassende Arbeitsanweisungen heißen Programm. Woher nimmt man nun die erforderlichen Programme?

Auch Programme kann man kaufen. Solange sie zu Unterhaltungszwecken gedacht sind, ist das kein schlechter Weg. Mit der Zeit stellt sich aber auch bei vielen Benutzern solcher Programme der Wunsch ein, diese zu modifizieren oder eigene zu erstellen. Die Notwendigkeit zu Eigenentwicklungen wird noch größer, wenn Sie Ihren Rechner für ernsthafte Anwendungen einsetzen wollen.

Der Weg von der ersten Idee für ein Programm bis zu dessen Fertigstellung ist mitunter mühsam. Man bewältigt ihn leichter, wenn man ihn in Etappen gliedert und diese sorgfältig bearbeitet. Die wesentlichen Abschnitte auf diesem Weg sind

    Problemdefinition
    Ablaufplanung
    Codierung
    Test

Was sich im einzelnen dahinter verbirgt, soll an einem Beispiel erläutert werden.

Wir wollen ein Programm erstellen, mit dem für beliebige Werte von p und q die quadratische Gleichung $x^2 + px + q = 0$ gelöst wird. Die Lösungen berechnen sich nach

$$x_1 = -\frac{p}{2} - \sqrt{\frac{p^2}{4} - q}$$

$$x_2 = -\frac{p}{2} + \sqrt{\frac{p^2}{4} - q}$$

wie man in mathematischen Formelsammlungen nachlesen kann. Damit liegt der Umfang der auszuführenden Berechnungen fest.

Im ersten Aufbereitungsprozeß müssen wir die erforderlichen Rechenschritte in eine zeitliche Folge bringen:

    Werte für p und q festlegen („eingeben").

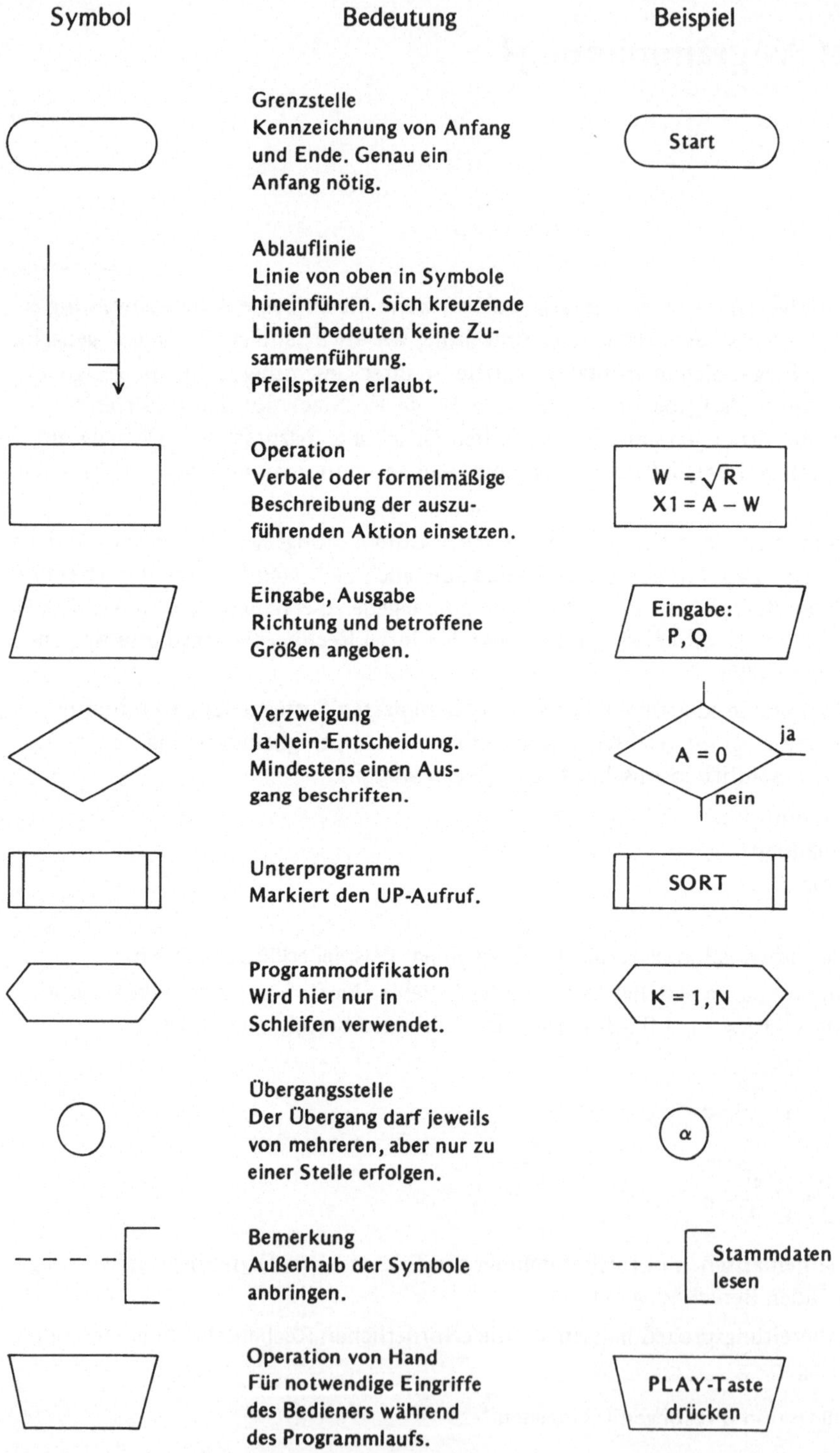

| Symbol | Bedeutung | Beispiel |

Grenzstelle
Kennzeichnung von Anfang und Ende. Genau ein Anfang nötig.

Beispiel: Start

Ablauflinie
Linie von oben in Symbole hineinführen. Sich kreuzende Linien bedeuten keine Zusammenführung. Pfeilspitzen erlaubt.

Operation
Verbale oder formelmäßige Beschreibung der auszuführenden Aktion einsetzen.

Beispiel:
$$W = \sqrt{R}$$
$$X1 = A - W$$

Eingabe, Ausgabe
Richtung und betroffene Größen angeben.

Beispiel: Eingabe: P, Q

Verzweigung
Ja-Nein-Entscheidung. Mindestens einen Ausgang beschriften.

Beispiel: $A = 0$, ja / nein

Unterprogramm
Markiert den UP-Aufruf.

Beispiel: SORT

Programmodifikation
Wird hier nur in Schleifen verwendet.

Beispiel: $K = 1, N$

Übergangsstelle
Der Übergang darf jeweils von mehreren, aber nur zu einer Stelle erfolgen.

Beispiel: α

Bemerkung
Außerhalb der Symbole anbringen.

Beispiel: Stammdaten lesen

Operation von Hand
Für notwendige Eingriffe des Bedieners während des Programmlaufs.

Beispiel: PLAY-Taste drücken

Bild 1.1 Ablaufplansymbole nach DIN 66001

Den Bruch $\dfrac{-p}{2}$ berechnen, weil er mehrfach auftritt.

$\sqrt{\left(\dfrac{-p}{2}\right)^2 - q}$ berechnen.

x_1 und x_2 berechnen.
Die Ergebnisse „ausgeben".

1.1 Ablaufplanung

Nach der präzisen Formulierung des Problems und der Bereitstellung aller auszuwertenden
Formeln müssen alle für die Lösung erforderlichen Einzelaktionen in ein zeitliches Nacheinander gebracht werden.

Die Darstellung des Lösungsweges erfolgt gewöhnlich unter Verwendung genormter Symbole (s. Bild 1.1) als **Programmablaufplan**. Der Plan für den obigen, verbalen Ablauf ist in
Bild 1.2, Version a dargestellt. Um Mißverständnissen vorzubeugen, sei darauf hingewiesen,
daß die Zeile

$$A = -P/2$$

nicht als mathematische Gleichung gemeint ist. Sie bedeutet vielmehr, daß die auf dem
Speicherplatz P stehende Zahl durch 2 geteilt, das Vorzeichen geändert und das Ergebnis
auf dem Platz A gespeichert werden soll. Entsprechend sind die anderen Zeilen des Recht-
eckes zu verstehen.

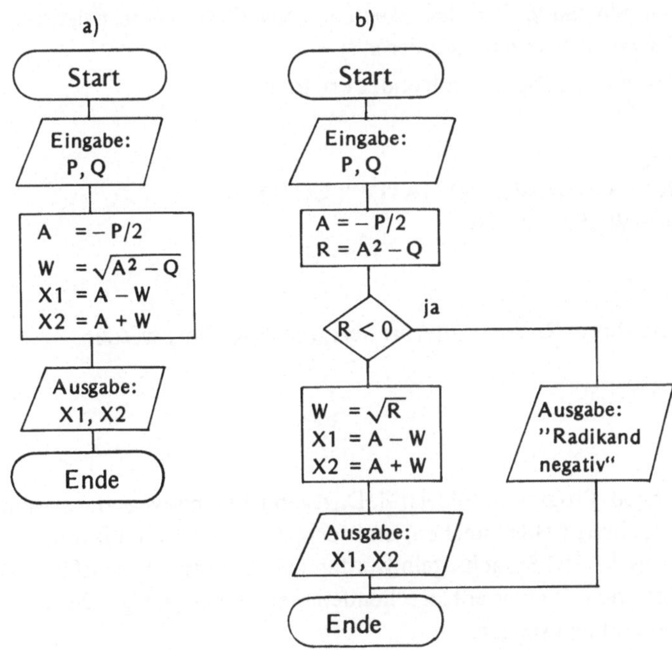

Bild 1.2
Lösung der quadratischen
Gleichung

Wenn mit dem angesprochenen Ablauf auch die Lösungen quadratischer Gleichungen ermittelt werden können, enthält der Plan noch eine Schwachstelle. Geben Sie beispielsweise für P und Q jeweils eine 2 ein, ergibt sich A^2 als 1, und es wird versucht, die Wurzel aus -1 zu ziehen. Ihr Rechner weiß, daß das im Bereich der reellen Zahlen nicht geht, und bleibt mit einer entsprechenden Fehlermeldung stehen.

Derartige Situationen sollten beim Entwurf des Ablaufplans erkannt und durch geeignete Maßnahmen verhindert werden. Wir dürfen nicht sofort die Wurzel, sondern zunächst nur den Radikanden berechnen lassen. Wenn dieser negativ ist, lassen wir die Meldung "Radikand negativ" ausgeben, damit der Benutzer erkennt, warum das Programm keine Zahlen auswirft. Im anderen Fall wird der normale Rechengang fortgesetzt. Den so modifizierten Ablaufplan zeigt Bild 1.2, Version b.

Solange Sie sich auf dem Gebiet der Programmierung noch als Anfänger fühlen, sollten Sie Ablaufpläne in der hier vorgestellten Ausführlichkeit zeichnen. Ein solcher Plan erleichtert Ihnen die Suche nach Fehlern in der Programmlogik. Als Konvention ist einzuhalten, daß die Ablauflinie beim Start-Symbol beginnt, nur von oben in die anderen Symbole hineingeführt und nur nach unten — bei der Abfrage auch seitlich — herausgeführt wird.

1.2 BASIC-Programm

Mit der Erstellung des detaillierten Ablaufplans ist der konstruktive Teil der Programmentwicklung erledigt. Die heutigen Rechner sind jedoch noch nicht in der Lage, diesen Plan unmittelbar abzuarbeiten. Sie verstehen nur Programmiersprachen. Bei Ihrem Rechner ist das cbm-BASIC, eine Erweiterung des Dartmouth-BASIC (Beginners All-purpose Symbolic Instruction Code). Deshalb müssen Sie den im Plan festgelegten Sachverhalt in eine gleichwertige Folge von BASIC-Anweisungen übersetzen ("codieren").

Für den Plan aus Bild 1.2, Version b, ergäbe sich folgendes **Programm**:

```
1ØINPUT "P,Q";P,Q
2ØA = – P/2: R = A↑2 – Q
3ØIF R < Ø THEN PRINT "RADIKAND NEGATIV": GOTO 6Ø
4ØW = SQR (R): X1 = A – W: X2 = A + W
5Ø PRINT X1, X2
6Ø END
```

Dieses Programm kann dann von Ihrem Rechner interpretiert und ausgeführt werden.

1.3 Programmtest

Nur in Ausnahmefällen ist ein neues Programm fehlerfrei. Dagegen ist keineswegs ungewöhnlich, daß schon im Ablaufplan logische Fehler stecken, und formale Fehler treten fast immer auf. Diese Verstöße gegen die BASIC-Sprachregeln werden bei der Programmausführung (vom Interpreter) entdeckt und mit einer entsprechenden Meldung angezeigt. Der Benutzer kann die Fehler beheben und neu starten.

Logische Fehler zu erkennen ist allein dem Menschen vorbehalten. Aber auch dabei, insbesondere bei der Lokalisierung der Fehler, kann der Rechner helfen. Besonders beachtenswert ist die Möglichkeit, ein Programm an beliebiger Stelle unterbrechen zu können. Man kann sich Zwischenergebnisse anzeigen lassen und ggf. ändern und danach die Ausführung fortsetzen.

In jedem Fall ist durch eine Reihe geeigneter Testläufe nachzuweisen, daß ein Programm die gestellten Anforderungen auch tatsächlich erfüllt. Beachten Sie, daß *ein* Lauf mit negativem Ausgang für einen Fehlernachweis ausreicht, während selbst durch viele korrekte Durchläufe nur die Wahrscheinlichkeit für das Vorliegen von Fehlern reduziert wird. Überlegen Sie sich jeweils, wie Sie mit wenig Aufwand an Testläufen ein Maximum an Sicherheit erzielen.

2 Handhabung des Rechners

In diesem Kapitel sollen Sie lernen, mit dem Gerät umzugehen, und einen Überblick über die wichtigsten Spezialtasten bekommen. Das Kapitel gliedert sich in einen Übungsteil und einen Textteil. An den nachfolgenden Aufgaben können Sie dann prüfen, wie weit Sie sich den gebotenen Stoff tatsächlich erarbeitet haben. In dieser Form sind auch die weiteren Kapitel aufgebaut.

Bei den Experimenten zu Beginn der Kapitel sollten Sie in der Regel die Reaktion des Rechners notieren. Streuen Sie keine eigenen Versuche ein, weil dadurch die Reaktion beeinflußt und Verweise vom Textteil auf die vorangegangenen Übungen für Sie unverständlich werden könnten.

Zumindest bei Ihren ersten Versuchen sollten Sie die vorgeschriebenen Anweisungen sehr genau lesen. Da fast alle Tasten doppelt belegt sind, müssen Sie jeweils entscheiden, ob, wie z.B. bei der Taste INST/DEL, die Hauptfunktion (DEL, ohne SHIFT-Taste) oder die Nebenfunktion (INST, mit SHIFT-Taste) verlangt ist.

Wenn man mit dem cbm-Rechner wirklich vertraut ist, zahlt sich das schon bei den vorgesehenen Übungen aus. Auch bei der Fehlerbeseitigung profitiert man davon. Daher muß dem Leser geraten werden, so oft wie möglich am Gerät zu arbeiten, alle vorgesehenen Experimente durchzuführen, möglichst viele Aufgaben zu lösen und, soweit Programme gefordert sind, diese auch tatsächlich auszuprobieren.

a) Beginnen Sie nun die Experimente und schalten Sie Fernseher und Computer — die natürlich verbunden sein müssen — ein. Auf dem Bildschirm wird eine Meldung der Form

    ******* .... *******
    .... BYTES FREE
    READY

erscheinen. Unter dem R von READY blinkt der Cursor, der die Stelle des Bildschirms zeigt, die als nächste beschrieben wird. Schreiben Sie, und beobachten Sie dabei den Cursor (Leerzeichen erzeugen Sie mit der großen Taste am unteren Rand der Tastatur):

    ? 2 + 3

Drücken Sie die RETURN-Taste.

b) Schreiben Sie

    ? 6 − 4

Wie reagiert der Rechner?
Drücken Sie die RETURN-Taste.

c) Schreiben Sie

   31 + 5

Drücken Sie die RETURN-Taste. Beachten Sie die Unterschiede zu den vorausgegangenen Fällen.

d) Probieren Sie jetzt die Cursor-Steuertasten aus, die Sie mit der Aufschrift CRSR im rechten Teil der Tastatur finden. Betätigen Sie diese Tasten, halten Sie sie längere Zeit nieder, auch bei gedrückter SHIFT-Taste, und registrieren Sie die resultierende Cursor-Bewegung. Bringen Sie den Cursor auf die 3 in der Zeile „31 + 5". (Jetzt blinkt die 3.) Betätigen Sie einige Male die INST-Taste. Schreiben Sie

   ?

und drücken Sie die RETURN-Taste.

e) Setzen Sie jetzt den Cursor hinter den Punkt der vorhergehenden Zeile, und betätigen Sie die DEL-Taste, bis das Wort „READY" gelöscht ist. Schreiben Sie vor die 3 in der untersten Zeile ein Fragezeichen und hinter die 6

   + 5/4

Drücken Sie die RETURN-Taste.

f) Schreiben Sie jetzt

   25 ? 5 + 4, 6

Drücken Sie die RETURN-Taste. Notieren Sie Ihre Vermutung darüber, weshalb nicht gerechnet wird. Dann setzen Sie den Cursor auf das Fragezeichen in der letzten Zeile und drücken so lange die DEL-Taste, bis die vor dem Fragezeichen stehenden Ziffern gelöscht sind. Betätigen Sie die RETURN-Taste.

g) Löschen Sie jetzt die letzte Zeile (READY), setzen Sie vor die 9 ein Fragezeichen und drücken Sie die RETURN-Taste. Falls Ihr Rechner keine 9 zeigt, müssen Sie Punkt f) wiederholen (beachten Sie das Komma!).

h) Bewegen Sie den Cursor um 3 bis 5 Zeilen nach unten und beobachten Sie dabei den Bildschirm. Danach führen Sie den Cursor auf das R in der untersten Zeile und schreiben

   ? 6.25/.25

Bewegen Sie jetzt den Cursor eine Zeile nach unten, und betätigen Sie die RETURN-Taste. Setzen Sie dann den Cursor auf den Schrägstrich, und betätigen Sie die RETURN-Taste erneut.

2.1 Ein- und Ausschalten

Nun wollen wir erörtern, was Sie in den vorstehenden Experimenten kennengelernt haben. Nachdem Fernseher und Computer miteinander verbunden und eingeschaltet sind, wird der nutzbare Speicherbereich angezeigt (”... BYTES FREE"). Die angegebene Zahl sollte bei Ihrem Rechner stets gleich sein, andernfalls müssen Sie den Rechner aus- und nach einer Pause von mehreren Sekunden erneut einschalten. Bleibt die Anzeige falsch oder fehlt sie völlig, versuchen Sie, mit Hilfe des Bedienungshandbuches die Störung zu beheben, oder wenden sich in schwerwiegenden Fällen an den Wartungsdienst.

Normalerweise wird sich Ihr Rechner als arbeitswillig erweisen, was er Ihnen durch das Wort READY anzeigt. Nehmen Sie sein Angebot an und sagen Sie ihm, was er tun soll. Abgesehen von einigen Spezialtasten, führt das Betätigen einer Taste zu der Anzeige des entsprechenden Zeichens auf dem Bildschirm. Der **Cursor**, ein blinkendes Quadrat, zeigt jeweils an, wohin das nächste Zeichen gesetzt wird. Nach dem Schreiben rückt er eine Stelle weiter. War die Zeile voll, springt er an den Anfang der nächsten Zeile. Falls der Cursor schon am unteren Bildschirmrand stand, wird zuvor der ganze Schirminhalt um eine Zeile angehoben, so daß die oberste Zeile verlorengeht.

2.2 Spezialtasten

Durch die **Cursor-Steuertasten** können Sie den Cursor nach links, rechts, oben, unten oder in die linke obere Ecke bewegen. Schon hier sei erwähnt, daß Sie diese Bewegungen auch programmieren können (s. Kap. 5). Die Tasten werden dann nicht bei ihrer Betätigung wirksam, sondern erst während der Ausführung des Programms, in das sie eingefügt wurden.

Die Steuerungsmöglichkeiten des Cursors erweisen sich als sehr nützlich, wenn Teile einer auf dem Bildschirm stehenden Zeile gelöscht oder geändert werden sollen. Um ein **Zeichen zu ersetzen**, genügt es, den Cursor auf die fragliche Position zu bewegen und das neue Zeichen zu schreiben. So haben wir in der Übung h) das Wort READY bei R beginnend Zeichen für Zeichen durch einen Rechenausdruck überschrieben.

In Übung e) haben Sie gesehen, wie man ein **Zeichen löschen** kann: Der Cursor wird *hinter* das zu löschende Zeichen gesetzt und die DEL-Taste betätigt. Daraufhin verschwindet das vor dem Cursor stehende Zeichen. Der Cursor und der Rest der Zeile rücken eine Stelle nach links. Sollen mehrere benachbarte Zeichen gelöscht werden, sollte man von rechts her vorgehen, weil der Cursor dann nur einmal positioniert werden muß.

Wollen Sie **Zeichen einfügen**, wie das Fragezeichen in Übung d), muß dafür zunächst Platz geschaffen werden. Dazu wird der Cursor auf die Stelle gebracht, *vor* die der Einschub gesetzt werden soll. Jedes Drücken der INST-Taste rückt den mit der Cursor-Position beginnenden Rest der Zeile um eine Stelle nach rechts. Der Cursor bleibt am Anfang der Lücke stehen. Ist diese groß genug, kann die vorgesehene Ergänzung geschrieben werden.

Wenn der Cursor in einer soeben mit INST geschaffenen Lücke steht, können Sie ihn nicht mit den Steuertasten bewegen. Diese Tasten werden gespeichert, was Ihnen durch besondere Symbole angezeigt wird. Nur die DEL-Taste wirkt normal.

Alle Spezialtasten sind als **Dauerfunktionstasten** ausgelegt, d. h. wenn man eine dieser Tasten längere Zeit niederdrückt, tritt deren vorstehend genannte Wirkung mehrfach ein.

2.3 Aufbau von Zeilen

Abgesehen von der Cursor-Bewegung bzw. der Zeichenanzeige auf dem Bildschirm, hat die Betätigung von Tasten keine erkennbare Rechnerreaktion hervorgerufen. Eine Ausnahme bildet die RETURN-Taste. Beachten Sie, daß alle Berechnungen erst nach Betätigung dieser Taste durchgeführt wurden. Bis dahin standen die eingegebenen Zeichen nur im Bildschirmspeicher. Über diesen besonderen Speicherbereich können Sie insofern frei verfügen, als Sie beliebige Zeichen in beliebiger Reihenfolge auf beliebige seiner Plätze setzen können. Da stets alle dort gespeicherten Zeichen angezeigt werden, sehen Sie jederzeit den genauen Speicherinhalt. Durch Betätigung der RETURN-Taste wählen Sie aus diesem Speicherbereich jene Zeile aus, in der der Cursor steht, und übergeben sie dem Rechner zur Bearbeitung. Falls diese Zeile mit einer Zahl beginnt (s. Übungen c) und f)), gelten die Zahl als Zeilennummer und die Zeile als **Programmzeile**. Sie wird im Programmspeicher abgelegt und zum jetzigen Zeitpunkt nicht ausgeführt.

Die Zahlen von 0 bis 63999 sind als Zeilennummern zugelassen.

Zeilen, die nicht mit einer Zahl beginnen, werden nach Betätigung der RETURN-Taste sofort interpretiert und ausgeführt.

Im Regelfall bildet eine Bildschirmzeile genau eine Programm- bzw. Interpreterzeile. Um bei einem System wie dem VC 20 mit einer Bildschirmzeilenlänge von 22 Stellen nicht auf derart kurze Anweisungen beschränkt zu sein, wurde der Interpreter so ausgelegt, daß er wahlweise mehrere Bildschirmzeilen zu einer Interpreterzeile zusammenfaßt. Diese verlängerten Zeilen werden erzeugt, wenn bei Erreichen des rechten Bildschirmrandes einfach weitergeschrieben wird. Beim VC 20 können auf diese Weise bis zu 88stellige Zeilen aufgebaut werden. Beachten Sie, daß eine derartige Struktur des Bildschirms erhalten bleibt, bis sie durch Hochrollen des Bildes oder Betätigen der CLR-Taste aufgehoben wird.

2.4 Ergebnisdarstellung

In allen Fällen, bei denen nach Eingabe der RETURN-Taste ein Ergebnis angezeigt wurde, begann die übergebene Zeile mit einem Fragezeichen. Dieses sagt dem Rechner, daß er auf den Bildschirm ausgeben soll. Das gleiche Ergebnis wie in Übung a) hätten wir auch mit der Zeile

    PRINT 2 + 3

erreicht. Wegen des geringeren Schreibaufwandes wird jedoch allgemein das Fragezeichen bevorzugt.

PRINT ist das BASIC-Kennwort für Ausgabe.
Bei der Ausgabe auf den Bildschirm darf statt PRINT ein Fragezeichen geschrieben werden.

Bei Programmzeilen verschwindet auch dieser optische Unterschied. Wenn Sie sich eine programmierte Ausgabeanweisung erneut auf dem Bildschirm zeigen lassen (s. Kap. 4), wird stets das Wort PRINT geschrieben.

> Hinter dem Fragezeichen bzw. hinter PRINT dürfen mehrere durch Komma oder Semikolon getrennte Ausdrücke stehen.

Wenn mehrere Ausdrücke aufgeführt sind, wie in Übung f), erscheinen die Ergebnisse nebeneinander. Zu erklären, wie das im einzelnen geregelt wird, führt hier zu weit. Wir werden in Kapitel 5 näher darauf eingehen.

2.5 Aufgaben

2-1   Welche Bedeutung hat der Cursor?

2-2   Was bewirkt die RETURN-Taste?

2-3   Wie kann das Wort FLY, ohne die Buchstaben F, L oder Y erneut zu schreiben, in FLOPPY umgewandelt werden?

2-4   Wie wird durch Ergänzung der Buchstaben B und R sowie mit den verschiedenen Spezialtasten das linksbündig geschriebene Wort UNSINN zu RUBIN?

2-5   Wie reagiert der Rechner auf Zeilen, die mit einer Ziffer beginnen?

3 cbm-Arithmetik

In diesem Kapitel soll die Arithmetik Ihres Rechners erörtert werden. Damit Sie sich bei den nachstehenden Übungen auf diesen Problemkreis konzentrieren können, sollten Sie kurz rekapitulieren, was über den Cursor, die Cursorsteuerung und insbesondere die Korrektur von Tippfehlern gesagt wurde. Wenn Sie sich fit fühlen, schalten Sie den Rechner ein und beginnen.

a) Schreiben Sie

    ? (22 − 29)*3/2

und beenden die Zeile mit der RETURN-Taste.

b) Schreiben Sie

    A = (22 − 29)*3/2
    ? A

wieder jeweils gefolgt von der RETURN-Taste.

Ist Ihnen die Wirkung der RETURN-Taste klar? Wenn nicht, sehen Sie sich den betreffenden Abschnitt des vorigen Kapitels gleich noch einmal an.

Auch die weiteren Beispiele sollen Sie, genau wie vorgeschrieben, Zeile für Zeile an den Rechner übergeben, und dazu müssen Sie ja jede Zeile mit der RETURN-Taste abschließen. Da Sie diese Notwendigkeit inzwischen kennen, wird von nun an nicht mehr auf das Betätigen dieser Taste hingewiesen.

c) Schreiben Sie jetzt

    B = 2↑3
    C = B − A/2
    ? A; B; C

Die mittlere Zahl, die 8, ist das Ergebnis von 2↑3. Vielleicht haben Sie es erraten: gerechnet wurde $2^3 = 2*2*2 = 8$.

d) Vergewissern Sie sich, daß die Zahlen noch gespeichert sind:

    ? A; B; C

Schreiben Sie jetzt

    3Ø ? A; B; C

Wissen Sie noch, warum diese Zeile nichts bewirkt? Sie wird als Programmzeile angesehen und im Programmspeicher abgelegt. Nun soll das gespeicherte Programm (hier: eine Zeile) ausgeführt werden. Dafür schreibt man das Kommando

    RUN

Falls wiederum nichts passiert, haben Sie die RETURN-Taste nicht betätigt. Tun Sie es! Zum Vergleich geben Sie jetzt noch einmal folgende Zeile ein:

    ? A; B; C

Registrieren Sie die Unterschiede in Ihren Anweisungen und in der Reaktion des Rechners, bevor Sie das nächste Experiment beginnen.

e) Löschen Sie mit der CLR-Taste den Bildschirm. (Der Cursor blinkt links oben.) Schreiben Sie

    2Ø A = 7: B = 9
    ? A, B

Jetzt geben Sie das Kommando

    RUN

Dieses Ergebnis wollen wir kurz erläutern. Sie haben mit dem Kommando RUN folgendes Programm ausgeführt:

    2Ø A = 7: B = 9
    3Ø ? A; B; C

Die Zeile mit der Nummer 3Ø stand nämlich noch im Programmspeicher, auf den sich das Löschen des Bildschirms nicht ausgewirkt hat. Ausgegeben wurden daher die in Zeile 2Ø gesetzten Werte und für C der Wert Ø.

f) Geben Sie nun folgende Zeilen ein:

    5Ø ? A; E; Z
    1Ø A = 1.1
    3Ø E = 6 − A↑2
    2Ø A = 2.5
    4Ø Z = 5E + 3
    RUN

Versuchen Sie kurz, die Ergebnisse zu deuten. Das wird Ihnen leichter fallen, wenn Sie sich das Programm anzeigen lassen. Schreiben Sie

    LIST

Abgesehen von der Ungenauigkeit bei der Berechnung von E ist das Ergebnis wohl plausibel.

g) Jetzt wollen wir das Programm löschen:

    NEW

Wer mißtrauisch ist, mag den Erfolg mit LIST bzw. RUN kontrollieren.

3.1 Zahlen

Lassen Sie uns nun die Schreibregeln für Zahlen zusammenstellen.

> Eine **Zahl** wird als Folge von Dezimalziffern, ggf. mit einem Vorzeichen, geschrieben. Zahlen ohne Vorzeichen sind positiv.
>
> Zur Abgrenzung des gebrochenen vom ganzen Teil der Zahl dient der Dezimalpunkt!
>
> Hinter die Ziffernfolge dürfen der Buchstabe E und ein ganzzahliger Zehnerexponent gesetzt werden.

Beispiele:

$$-6\emptyset5 \mid 47.11 \mid \emptyset\emptyset7 \mid +7\emptyset\emptyset E-2 \mid 7.$$

Beispiele gleichwertiger Zahlen:

$$\emptyset.5 \mid +\emptyset.5 \mid .5 \mid 5\emptyset\emptyset E-3 \mid .\emptyset\emptyset5E2 \mid +.\emptyset5E+\emptyset1 \qquad \bullet$$

Es soll noch einmal betont werden, daß anstelle des bei uns üblichen Dezimalkommas in BASIC der Dezimalpunkt zu schreiben ist. Ungewöhnlich ist für manchen Leser wohl auch die halblogarithmische Zahldarstellung. Diese dient besonders bei Zahlen mit sehr großem oder sehr kleinem Betrag als abkürzende Schreibweise.

Wer sich bei Übung f) darüber gewundert hat, daß Z den Wert $5\emptyset\emptyset\emptyset$ trug, hat inzwischen wohl die Erklärung gefunden: $5E+3$ heißt $5 \cdot 1\emptyset^3$ und nicht „5 mal E plus 3".

Auf eine genaue Erläuterung der rechnerinternen Zahldarstellung wird hier verzichtet. Wir wollen es bei dem Hinweis belassen, daß intern mit sog. Dualzahlen gearbeitet wird. Beim Übergang von der externen Dezimaldarstellung in die interne Dualdarstellung und umgekehrt können Genauigkeitsverluste auftreten, wie Sie sie in Übung f gesehen haben. Für den Benutzer bedeutet das gewöhnlich keinen Nachteil. Hingegen muß der Programmierer diesen Effekt beachten, wenn er zum Zweck der Programmsteuerung (s. Kap. 7) einen Vergleich von Zahlenwerten codiert.

3.2 Variablen

Größen wie A und B heißen in BASIC Variablen.

> Jeder **Variablen** wird automatisch ein Speicherplatz zugeordnet.
>
> Auf dem Platz einer Variablen steht zu jeder Zeit genau eine Zahl, der Variablenwert, der durch geeignete Anweisungen verändert werden kann.
>
> Eine Variable wird über ihren Namen angesprochen.

Zu unterscheiden ist jeweils zwischen dem Variablennamen und dem Variablenwert. Den Namen dürfen Sie als Adresse eines Speicherplatzes ansehen, während der Inhalt dieses Platzes den Wert bildet. Zwei Variablen X und Y sind also nicht von vornherein verschieden. Sie belegen zwar jede einen eigenen Platz, aber die Werte können gleich sein.

Wir müssen nun lernen, welche Variablennamen erlaubt sind.

> **Variablennamen** sind 1 oder 2 stellig. Das erste Zeichen muß ein Buchstabe, das
> zweite darf ein Buchstabe oder eine Ziffer sein.
>
> FN, GO, IF, ON, OR, ST, TI, TO
>
> dürfen nicht als Namen gewöhnlicher Variablen benutzt werden.

Beispiele zulässiger Namen sind

    RO | K | V2

Es soll erwähnt werden, daß Ihr Rechner oft längere Namen zuläßt, z.B. ROSE oder ROST.
Zur Identifizierung nutzt er aber nur die ersten beiden Zeichen, so daß RO, ROSE oder
ROST demselben Speicherplatz zugeordnet sind. Wer diese Eigenart nicht ständig bedenkt,
wird sich bei Verwendung längerer Namen manchen unnötigen Programmfehler einhandeln.

Längere Namen werden zurückgewiesen, wenn sie ein BASIC-Wortsymbol enthalten (z.B.
TO in OTTO). Das geschieht aber erst bei der Programmausführung, so daß Sie bei häufiger
Verwendung eines solchen Namens viel Zeit für die Korrektur verschenken. Daher wird
dringend geraten, für gewöhnliche Variablen höchstens 2 stellige Namen zu verwenden.

TO ist als Variablenname verboten, weil es Bestandteil der Schleifenanweisung ist (s. Kap. 11).
TI und ST sind Systemvariablen, die Sie zwar benutzen, aber nicht verändern dürfen. TI enthält die Zeit in sechzigstel Sekunden. Diese läuft vom Einschalten des Rechners bzw. von
der letzten Wertzuweisung TI$ = "hhmmss", z.B. TI$ = "Ø85500" (s. Abschnitte 3.5 und
5.1). ST wird bei jeder Datenübertragung zwischen dem Rechner und einem Peripheriegerät
vom Rechner gesetzt. Das bietet die grundsätzliche Möglichkeit, über den Wert von ST auf
die Ursache eventueller Störungen zu schließen.

3.3 Arithmetische Operatoren

Die Übungen dieses Kapitels haben gezeigt, daß Ihr Rechner addieren (+), subtrahieren (−),
multiplizieren (*), dividieren (/) und potenzieren (↑) kann. Im Gegensatz zur gebräuchli-
chen Formelschreibweise müssen Sie in BASIC das Symbol für die gewünschte Rechenart
stets schreiben. Bei der Multiplikation wird das von Anfängern gern vergessen, zumal wir ja
gewohnt sind, den Term

    2ab

einer algebraischen Formel als Produkt „2 mal a mal b" zu verstehen. In BASIC muß es aber

    2*A*B

heißen.

Oft führt ein vergessener Stern zu einem Verstoß gegen die BASIC-Regeln (z.B. 2AB oder
2A*B), so daß der Rechner Ihnen die Nummer der fehlerhaften Zeile angeben kann. Mehr
Kopfzerbrechen werden Ihnen die Fälle bereiten, bei denen die BASIC-Anweisung inhaltlich falsch, aber formal richtig ist. Wenn Sie für das obige Produkt 2*AB codieren, heißt das
Multiplikation mit dem Wert der Variablen AB. Da jeder Variablen beim ersten Auftreten

ein Speicherplatz zugeordnet wird, ist ein Speicherplatzinhalt selbst dann vorhanden, wenn Sie den Variablenwert noch nicht definiert haben.

Für den Fall, daß ein Operand wie die Zahl 7 in dem Ausdruck

   23-7/4

zwischen zwei Operationszeichen steht, muß geregelt sein, in welcher Reihenfolge diese Operatoren abgearbeitet werden. Dazu wurde die bekannte Regel „Punktrechnung geht vor Strichrechnung" in BASIC übertragen und der Potenzierung ein noch höherer Rang eingeräumt. Soll von der hieraus resultierenden Reihenfolge bei der Berechnung eines Ausdrucks abgegangen werden, müssen Paare runder Klammern gesetzt werden. Damit ergibt sich folgende **Rangordnung**:

Rang	Symbol	Bedeutung
0	( )	Klammern
1	$\uparrow$	Potenzierung
2	* und /	Multiplikation und Division
3	+ und −	Addition und Subtraktion

Falls ein Operand zwischen zwei Operatoren gleicher Rangstufe steht, wird der vordere der beiden zuerst wirksam.

3.4 Arithmetischer Ausdruck

Wenn man Zahlen oder Variablen durch arithmetische Operatoren verknüpft, erhält man einen arithmetischen Ausdruck.

Beispiele:

Algebra	BASIC
$a + b$	A + B
$(b - 7,5)c$	(B − 7.5)*C
$\frac{2}{3}(x + 2y)$	2/3*(X + 2*Y)
$\dfrac{a}{b\,c}$	A/(B*C)
$\dfrac{a}{b}c$	A/B*C
$2,5[3(x - 7,1) + b]$	2.5*(3*(X − 7.1) + B)
$\dfrac{a + b}{c + d}$	(A + B)/(C + D)
$a^5 + 3bx$	A↑5 + 3*B*X
$k^{5 + n}$	K↑(5 + N)

Als weiterer Bestandteil dürfen in arithmetischen Ausdrücken noch Funktionen (s. Kap. 12) auftreten. Diese repräsentieren jeweils eine Zahl, den Funktionswert. Zu beachten ist, daß das Argument der Funktion stets eingeklammert werden muß.

Beispiele:

Algebra	BASIC
$\sqrt{x}$	SQR (X)
$\dfrac{1}{a} + \sqrt{b}$	1/A + SQR (B)
$\sqrt{2,5y} + t$	SQR (2.5*Y) + T
$\sqrt{\dfrac{3n-1}{a+b}}$	SQR ((3*N − 1)/(A + B))
$\dfrac{x-y}{3\sqrt{2(U+2)}}$	(X − Y)/(3*SQR (2*(U + 2)))

Die Regeln für die Bildung arithmetischer Ausdrücke wollen wir noch einmal zusammenfassen:

> Ein **arithmetischer Ausdruck** enthält als Operanden Zahlen, Variablen oder Funktionen.
> Wenn 2 oder mehr Operanden auftreten, müssen sie durch arithmetische Operatoren verknüpft werden.
> Die Berechnungsreihenfolge ist grundsätzlich durch die Rangordnung der Operatoren bestimmt.
> Die Berechnungsreihenfolge kann über Paare runder Klammern gesteuert werden.
> Es dürfen überflüssige runde Klammernpaare gesetzt werden.

3.5 Wertzuweisung

Besondere Aufmerksamkeit verdienen die Zeilen, in denen ein Gleichheitszeichen steht, wie z. B.

        A = (22 − 29)*3/2

Diese Zeile bewirkt folgende Aktionen:

Subtrahiere 29 von 22.	(Ergebnis ist − 7)
Multipliziere − 7 mit 3.	(Ergebnis ist − 21)
Dividiere − 21 durch 2.	(Ergebnis ist − 1∅.5)
Speichere − 1∅.5 auf dem Platz A.	

Sehen wir uns ein anderes Beispiel an. Die Zeile

        K = K + 1

wird so verstanden:

        Hole die auf dem Platz K stehende Zahl.
        Addiere 1 hinzu.
        Speichere das Ergebnis auf dem Platz K.

Bei diesem Speichervorgang wird der alte Wert von K zerstört, so daß mit der Anweisung K = K + 1 die auf dem Platz K stehende Zahl um 1 erhöht wird. Hier zeigt sich deutlich der Unterschied zu mathematischen Gleichungen. Als Gleichung aufgefaßt wäre K = K + 1 unsinnig; denn nach Subtraktion von K ergibt sich der Widerspruch 0 = 1.

In BASIC bedeuten die hier erörterten Zeilen Wertzuweisungen. Sie bewirken, daß der Wert eines arithmetischen Ausdrucks berechnet und gespeichert wird. *Wohin* gespeichert werden soll, wird durch Angabe einer Speicherplatzbezeichnung vor dem Gleichheitszeichen festgelegt, während hinter dem Gleichheitszeichen steht, wie die fragliche Zahl zu ermitteln ist.

Ein arithmetischer Ausdruck liefert nach seiner Auswertung eine Zahl. Wenn diese für eine spätere Verwendung gespeichert werden soll, müssen Sie eine Wertzuweisung codieren.

> Die allgemeine Form der **Wertzuweisung** ist
> Variable = arithmetischer Ausdruck.

Wie oben bereits erläutert, bewirkt diese Anweisung, daß der Wert des rechts stehenden Ausdrucks ermittelt und auf den Platz der links stehenden Variablen gespeichert wird.

Daraus folgt beispielsweise,

> X = U und U = X sind in BASIC nicht gleichwertig.

Nach X = 1: U = 2: X = U haben beide Variablen den Wert 2.
Nach X = 1: U = 2: U = X haben beide Variablen den Wert 1.

Beispiel: Eine auf dem Platz X stehende Zahl, z.B. ein Preis in DM, soll auf die zweite Nachkommastelle gerundet werden.

Bei derartigen Rundungsproblemen greift man auf die Funktion INT zurück (s. Kap. 12), mit der der ganzzahlige Teil einer Zahl ermittelt wird. INT (4.1) ergibt 4, aber INT (4.99) ebenfalls. Übliche Rundungskonvention hingegen ist, ab einschließlich 0.5 aufzurunden. Um dafür INT einsetzen zu können, muß für eine Rundung das Argument vorher um 0.5 erhöht werden. INT (4.99 + 0.5) ergibt genauso wie INT (4.5 + 0.5) und INT (5.49 + 0.5) eine 5. In unserem Beispiel muß vor und nach dem Abschneiden des gebrochenen Teils noch um 2 Dezimalstellen verschoben werden. Daher lösen wir unser Problem mit der Wertzuweisung

> X = 0.01*INT(100*X + 0.5)

3.6 Integer-Variablen

Für Leser, die nur gelegentlich programmieren wollen oder wenig Programmiererfahrung haben, ist der in diesem Abschnitt dargestellte Stoff entbehrlich. Sie sollten diesen Abschnitt übergehen. Wir haben ihn nur aufgenommen, um denen, die besonders große und besonders komplizierte Programme erstellen, weitergehende Möglichkeiten des cbm-BASIC aufzuzeigen.

Für numerische Probleme steht ein zweiter Variablentyp zur Verfügung: Integer.

> Namen von **Integer-Variablen** bestehen aus dem Namen einer gewöhnlichen Variablen, dem das Prozentzeichen angefügt ist.

Beispiele zulässiger Integer-Namen sind

    A % | B1 % | HH %

Zwischen einer Integervariablen und der gewöhnlichen Variablen, die man nach Weglassen des Prozentzeichens erhält, besteht kein zwangsläufiger Zusammenhang. Beide dürfen im selben Programm auftreten.

Integervariablen sind nur zur Speicherung ganzer Zahlen geeignet. Sie belegen intern mit 16 bit deutlich weniger Speicherplatz als gewöhnliche Variable, für die 40 bit benötigt werden. Dieser Vorteil muß jedoch mit längeren Programmlaufzeiten bezahlt werden. Schließlich ist zu bedenken, daß die Werte der Integervariablen zwischen -32768 und $+32767$ liegen müssen.

Neben der Verwendung in arithmetischen Ausdrücken dürfen Integer-Variablen auch mit den logischen Operatoren NOT, AND und OR verknüpft werden, die dann bitweise wirken. Eine weitergehende Erläuterung hierzu finden Sie in den cbm-Handbüchern.

3.7 Aufgaben

3-1 Welche Funktion hat das Fragezeichen? Ist sein Platz in der Eingabezeile für seine Funktion wesentlich?

3-2 Übertragen Sie den Ausdruck $a^2 + ab + b^2$ in BASIC und lassen Sie ihn für $a = 2$ und $b = 3$ berechnen.

3-3 Codieren Sie in BASIC: $\dfrac{x}{y \cdot z}$. Lassen Sie den Ausdruck zur Kontrolle für $x = 12{,}25$, $y = 3{,}5$ und $z = 3{,}5$ berechnen.

3-4 Lassen Sie $\dfrac{(x-y)^2}{x+z}$ berechnen und speichern. Zeigen Sie das Ergebnis auf dem Bildschirm an. Benutzen Sie die Zahlen aus Aufgabe 3-3.

3-5 Was ist eine Variable?
    Wie werden Variablennamen geschrieben?

4 Programmaufbau und -ausführung

In diesem Kapitel wollen wir üben, mit Programmen umzugehen.

Zur Vermeidung von Irrtümern wird betont, daß in den nachstehenden Übungen — und das gilt auch für die weiteren Kapitel — jeweils nur aufgeführt ist, was Sie schreiben sollen. Auf dem Bildschirm werden weitere Zeilen erscheinen, die der Rechner von sich aus zeigt.

a) Schreiben Sie die folgenden Zeilen:

```
NEW
LIST
2ØA = 2
7Ø?A
6ØA = A + 1
A = 5
LIST
```

Beachten Sie die unterschiedliche Wirkung des LIST-Kommandos.

b) Lassen Sie das Programm ausführen, nachdem Sie den Wert von A überprüft haben. Schreiben Sie deshalb

```
?A
RUN
```

Wiederholen Sie das Ausführungskommando:

```
RUN
```

c) Das Programm kann auch anders gestartet werden. Schreiben Sie

```
GOTO 6Ø
```

Setzen Sie jetzt fort mit

```
A = 2Ø
GOTO 6Ø
```

Da das Programm zwischenzeitlich nicht verändert wurde, sind die unterschiedlichen Ergebnisse durch verschiedene Startwerte von A bedingt. Welche Startwerte wurden tatsächlich benutzt? Ist das Programm wirklich unverändert geblieben? Lassen Sie es zur Kontrolle anzeigen.

d) Nun wollen wir das bisher benutzte Programm verändern. Schreiben Sie

```
2ØA = 5: B = 3
8Ø?A, B
7ØB = B - 1
RUN
```

Starten Sie das Programm noch einmal mit

  GOTO7Ø

Die Deutung der Ergebnisse wird sicher erleichtert, wenn Sie das Programm vor Augen haben. Schreiben Sie deshalb

  LIST

e) Auch auf folgende Weise kann ein Programm gestartet werden:

  RUN 7Ø

Rekonstruieren Sie die benutzten Startwerte.

f) Schreiben Sie jetzt

  RUN
  LIST 6Ø

Bewegen Sie den Cursor auf das Plus-Zeichen, betätigen die Minus-Taste und dann die RETURN-Taste. Setzen Sie den Cursor unter READY und starten Sie das Programm erneut.

4.1 Programmbegriff

In Kapitel 1 haben wir den Begriff Programm inhaltlich erklärt als zeitliche Folge der Anweisungen, die ein vorgelegtes Problem lösen. Daneben steht der rein formale Programmbegriff Ihres Rechners. Wie Sie sich erinnern, werden Zeilen, die nicht mit einer Zahl beginnen, nach Betätigung der RETURN-Taste sofort ausgeführt. Die anderen hingegen werden gespeichert.

> Ein **Programm** ist die Gesamtheit der im Rechner gespeicherten, mit einer Zahl beginnenden Zeilen.

Es obliegt dem Programmierer, die beiden Programmbegriffe zur Deckung zu bringen.

Neben der erwähnten Kennzeichnung der Programmzeilen dient die Zeilennummer noch verschiedenen anderen Zwecken. Das Programm aus Übung a) hätten Sie auch in der Reihenfolge

  7Ø?A
  6ØA = A + 1
  2ØA = 2

eingeben können. Wenn Sie sich dann mit LIST das aktuelle Programm zeigen lassen, erhalten Sie wieder

  2ØA = 2
  6ØA = A + 1
  7Ø?A

Ausschlaggebend sind also die auftretenden Zeilennummern und nicht ihre Reihenfolge bei der Eingabe. Halten wir fest:

> Die Programmzeilen werden vom Rechner aufsteigend nach der Zeilennummer sortiert.

Diese Reihenfolge ist auch für die Programmausführung maßgebend, solange nicht mit speziellen Anweisungen in den Ablauf eingegriffen wird.

> Die Programmzeilen werden in aufsteigender Folge der Zeilennummern ausgeführt.

Mitunter ist es angebracht, mehrere Anweisungen in eine Zeile zu schreiben. Dabei ist zu beachten:

> Wenn in einer Zeile mehrere Anweisungen stehen, müssen sie durch einen Doppelpunkt getrennt werden.

> Stehen in einer Zeile mehrere Anweisungen, werden sie von links nach rechts abgearbeitet.

Dem Anfänger wird jedoch geraten, nur eine Anweisung pro Zeile zu schreiben. Außerdem sollte er sich angewöhnen, Zeilennummern nicht fortlaufend, sondern mit einer Schrittweite von mindestens $1\emptyset$ zu vergeben. Ist beides beachtet worden, wird es nämlich besonders einfach, in einem bestehenden Programm Anweisungen zu ergänzen, und das ist selbst nach längerer Programmiererfahrung oft erforderlich.

Neben den ausführbaren Anweisungen dürfen in ein Programm auch Bemerkungen eingefügt werden.

> **Bemerkungen** schreibt man in der Form
> REM beliebiger Text.

Beispiel: 15 REM PROGRAMM XXX   ●

Formal werden Bemerkungen wie gewöhnliche Anweisungen behandelt. Der Unterschied zeigt sich erst während der Programmausführung. Wenn der BASIC-Interpreter das Befehlskennwort REM findet, ignoriert er den Rest der Zeile. Daher dürfen Sie Bemerkungen auch hinter ausführbare Anweisungen setzen, natürlich durch einen Doppelpunkt getrennt.

4.2 Programmkorrektur

Nehmen wir an, zwischen $B = B - 1$ und ?A, B in Übung d) soll die Anweisung ?A*B eingefügt werden. Dann gelingt das durch die Zeile

    75 ? A*B

Diese wird ja wegen der automatischen Sortierung zwischen die Zeilen mit den Nummern $7\emptyset$ und $8\emptyset$ eingeschoben. Merken wir uns:

> Eine **Anweisung** wird in ein Programm **eingefügt**, wenn man sie als Zeile mit einer geeigneten neuen Zeilennummer eingibt.

Lassen Sie uns nun verfolgen, was in Übung d) bei der Eingabe der Zeile

    $2\emptyset$ A = 5: B = 3

in das Programm

    $2\emptyset$ A = 2
    $6\emptyset$ A = A + 1
    $7\emptyset$? A

passierte, das die Zeile 2∅ schon enthielt. Das LIST-Kommando zeigte uns die Wirkung:

    2∅A = 5: B = 3
    6∅A = A + 1
    usw.

Die alte Zeile 2∅ ist also durch die neue ersetzt worden. Diesen Vorgang nutzen wir für das Ändern von Anweisungen:

> Eine **Zeile** wird **geändert**, indem man ihre Zeilennummer und den vollständigen neuen Zeileninhalt eingibt.

Auf dem gleichen Prinzip basiert auch das Löschen einzelner Anweisungen. Wollen wir etwa die Zeile

    6∅A = A + 1

entfernen, überschreiben wir sie durch

    6∅   (RETURN-Taste nicht vergessen!)

> Eine **Zeile** wird **gelöscht** durch Eingabe der betreffenden Zeilennummer (und Betätigung der RETURN-Taste).

> Mit dem NEW-Kommando wird das ganze Programm gelöscht.

Das Ändern von Zeilen scheint auf den ersten Blick unbefriedigend, weil selbst bei Korrektur nur eines Zeichens die ganze Zeile eingegeben werden muß. Bei genauerer Betrachtung zeigt sich aber, daß nicht alle Zeichen der Zeile neu *geschrieben* werden müssen. Eingeben in den Rechner heißt doch, die RETURN-Taste zu drücken, wobei die Bildschirmzeile übergeben wird, in der der Cursor gerade blinkt. Es ist gleichgültig, wie diese Bildschirmzeile entstanden ist. Sie dürfen auch nach einem LIST-Kommando den Cursor in die zu ändernde Zeile bewegen. Dann nehmen Sie die notwendigen Änderungen vor, notfalls unter Einschluß der Tasten INST und DEL, und drücken die RETURN-Taste.

4.3 Anzeige von Programmzeilen

Das oben geschilderte Vorgehen bei der Korrektur von Anweisungen wird noch effektiver, wenn man jeweils nur einen Teil des Programms auflistet. In Übung f) haben Sie bereits gesehen, wie eine einzelne Zeile aus dem Programmspeicher auf den Bildschirm geholt wird. Daneben stehen aber weitere Varianten des LIST-Kommandos zur Verfügung, die nachstehend aufgeführt sind.

> | Kommando | Wirkung |
> |---|---|
> | LIST | führt zur Anzeige des ganzen Programms |
> | LIST m – n | zeigt die Zeilen von Nummer m bis einschließlich Nummer n |
> | LIST – n | zeigt die Zeilen von Nummer ∅ bis einschließlich n |
> | LIST m – | zeigt die Zeilen von Nummer m bis einschließlich Nummer 63999 |
> | LIST k | zeigt die Zeile k |

Wenn Sie einen Abschnitt Ihres Programms auflisten lassen, geschieht das gewöhnlich schneller, als Sie lesen können. Sie können das Tempo einer Bildschirmausgabe jedoch beeinflussen:

| Ständiges Niederhalten der CTRL-Taste führt zu langsamer Ausgabe.

In der gleichen Weise können Sie auch die Geschwindigkeit reduzieren, mit der Ihre Programme Ausgaben auf dem Bildschirm zeigen (s. Kap. 5).

4.4 Programmausführung

Die Ausführung eines Programms kann mit verschiedenen Kommandos veranlaßt werden. Im Normalfall ist das RUN, womit das Wort und nicht die RUN-Taste gemeint ist.

| Nach RUN wird das Programm ausgeführt. Begonnen wird in der Zeile mit der kleinsten Zeilennummer.

Als Nebenwirkung des RUN-Kommandos ist zu notieren, daß zu Beginn der Ausführung alle numerischen Variablen den Wert $\emptyset$ haben.

| RUN löscht alle Variablen.

In der Testphase bringt es oft Vorteile, einen Lauf mitten im Programm zu beginnen und nicht bei der kleinsten Zeilennummer. Für diese Verlegung des Programmanfangs auf eine Zeile mit der Nummer n gibt es 2 Kommandos. Sie unterscheiden sich in ihrer Wirkung auf die Variablen. Diese können wahlweise gelöscht oder ihre aktuellen Werte beibehalten werden.

| Nach GOTO n wird bei Zeilennummer n beginnend das Programm ausgeführt. Die Variablen behalten ihren aktuellen Wert.
| Nach RUN n wird bei Zeilennummer n beginnend das Programm ausgeführt. Alle Variablen werden gelöscht.

Beispiele sehen Sie in den Übungen c) und e).

Ein weiteres Spezialkommando gestattet die Fortsetzung des Programms nach einer Unterbrechung.

| Nach einer Unterbrechung wird mit CONT die Programmausführung fortgesetzt. Die Variablen behalten ihren aktuellen Wert.
| Nach einer Fehlermeldung kann nicht mit CONT fortgesetzt werden.

Zwei Möglichkeiten zur Unterbrechung eines Programms durch einen Eingriff des Benutzers (der Erfolg wird durch READY angezeigt) wollen wir hier nennen.

| Mit der STOP-Taste kann das Programm unterbrochen werden.
| Wenn Eingabedaten erwartet werden, müssen Sie bei gedrückter STOP-Taste zusätzlich die RESTORE-Taste betätigen.

Die Ausführung eines Programms kann auch durch einprogrammierte Anweisungen beendet
werden.

| END beendet die Ausführung.

| STOP unterbricht die Ausführung unter Angabe der aktuellen Zeilennummer.

Gerade in der Testphase werden Sie von STOP gern Gebrauch machen. Sie sehen, an
welcher Stelle sich das Programm gerade befindet, können die Variablenwerte mit Be-
fehlen der Art

   ? X

überprüfen und die Ausführung anschließend fortsetzen.

Was ist aber zu tun, wenn Sie einen geringfügigen Fehler entdeckt haben und nach dessen
Behebung den Programmlauf mit den aktuellen Variablenwerten fortsetzen wollen? Die so-
fortige Korrektur fehlerhafter Zeilen entfällt; denn bei jedem Eingriff in den Programmspeicher werden alle Variablen gelöscht. Hingegen dürfen Sie wie in Übung c) Variablenwerte setzen, d. h. fehlerhafte Zahlen korrigieren. Als Kommando für die Fortsetzung des
Programmlaufs stehen Ihnen dann CONT oder GOTO mit geeigneter Zeilennummer n zur
Verfügung.

4.5 Speicherbelegung

In Kapitel 2 wurde schon erwähnt, daß der Speicher Ihres Rechners verschiedene Bereiche
enthält. In einem sind alle Bildschirmzeilen abgelegt, in einem anderen die Programmzeilen,
und in einem dritten Bereich liegen die Variablen. Sie kennen bereits Kommandos und Spezialtasten (z. B. NEW, CLR), mit denen einzelne dieser Bereiche gelöscht werden. Daneben
haben Sie in den obigen Übungen gesehen, daß der Variablenbereich auch durch das RUN-
Kommando gelöscht wird, während die Variablen bei einem Programmstart mit einem
GOTO-Kommando erhalten bleiben.

Auch für die Belegung der 3 genannten Speicherbereiche gibt es mehrere Varianten. Welche
Eingabe- und Löschmöglichkeiten Ihnen zur Verfügung stehen, können Sie aus Bild 4.1 entnehmen.

Speicherbereich	Eingeben	Löschen
Bildschirm	— Betätigung von Tasten — LIST-Kommando — Ausgeführte PRINT- Anweisung	Alles: — CLR-Taste Ein Zeichen: — DEL-Taste

Programmtext	— Zeilenweise aus dem
	   Bildschirmbereich mit
	   Cursor und RETURN-
	   Taste
	— Ausgeführtes LOAD-
	   Kommando
		Alles:
		— NEW-Kommando
		Eine Zeile:
		— Zeilennummer und
		   RETURN-Taste

Variablen	— Automatische Platz-
	   reservierung für vor-
	   kommende Variablen
	— Inhalt durch Wertzu-
	   weisung oder Eingabe-
	   anweisung
		Alles:
		— CLR-Kommando
		   (auch programmierbar)
		— NEW-Kommando
		— RUN-Kommando
		— Eingabe von Programmtext

Bild 4.1: Speicherbelegung

4.6 Aufgaben

4-1 Wozu dient die STOP-Taste?

4-2 Geben Sie folgendes Programm ein:

$$10A = 4$$
$$20A = A*X$$
$$30?A$$

Wie können Sie im voraus sicherstellen, daß keine weiteren Zeilen im Programmspeicher stehen?
Wie können Sie im nachhinein nachweisen, daß keine weiteren Programmzeilen gespeichert sind?

4-3 Starten Sie das Programm aus Aufgabe 4-2.
Warum wird die Zahl 0 ausgegeben?

4-4 Wie können Sie ohne Programmänderung erreichen, daß das Programm aus Aufgabe 4-2 eine 1 ausgibt?

5 Ausgabe auf den Bildschirm

Wie wir schon aus Kapitel 2 wissen, werden die Ergebnisse eines Programmlaufs mit dem PRINT-Kommando auf dem Bildschirm angezeigt. Außerdem wissen wir, daß wir dieses Kennwort nicht ausschreiben müssen, sondern mit dem Fragezeichen abrufen können. In diesem Kapitel, besonders in den Experimenten, sollen Sie nun das Ausgabekommando näher kennenlernen.

a) Löschen Sie den Programmspeicher und schreiben Sie

    X = 31: ?"X"

Anschließend

    ?X

und dann

    ? "X = "; X

b) Schreiben Sie

```
100 E = 1.2E4
110 U$ = "UMSATZ ="
130 ?U$;E;"DM"
```

Lassen Sie das Programm ausführen.

c) Ergänzen Sie jetzt die Zeile

```
120 ? "↓↓TAGES";
```

wobei jeder der Pfeile das einmalige Betätigen der Taste "Cursor abwärts" symbolisiert. Lassen Sie das Programm erneut laufen, und sehen Sie sich die Abstände zwischen den Zahlen und Strings genau an. (Ein String ist eine Zeichenkette wie z. B. DM.)

d) Ersetzen Sie in Zeile 130 die Semikolons durch Kommas und sehen Sie sich an, wie dadurch die Ausgabezeile verändert wird.

e) Schreiben Sie

```
110 T1$ = "EINNAHMEN"
120 T2$ = "KOSTEN": K = 0.63*E
130 T3$ = "GEWINN":G = E-K
140 ?T1$;E: ?T2$;K: ?:? T3$;G
```

und lassen Sie das Programm laufen.

f) Jetzt wollen wir die Zahlen als Kolonne schreiben. Ergänzen Sie in Zeile 140 hinter jedem der 3 Semikolons

    TAB (12);

und starten Sie das Programm erneut.

g) Die Position eines Ausgabewertes kann nicht nur absolut, sondern auch relativ zum Vorgänger positioniert werden. Dafür müssen Sie in Zeile 14Ø alle TAB-Angaben entfernen und wie folgt ersetzen:

SPC(3) zwischen die Semikolons vor E
SPC (7) zwischen die Semikolons vor K
SPC(7) zwischen die Semikolons vor G

Sehen Sie sich die Wirkung an.

h) In dieser Übung sollen die Pfeile folgende Bedeutung haben: ↑ = HOME-Taste, ⇑ = CLR-Taste, ↓ = Cursor abwärts, → = Cursor nach rechts. Schreiben Sie jetzt:

```
NEW
1Ø Z$ = "↑↓↓↓↓↓↓↓↓↓↓"
2Ø S$ = "→→→→→→→→→→"
3Ø ?"⇑ ";
4Ø INPUT"↑ "; X, Y
8Ø ?LEFT$ (Z$, Y+1); LEFT$ (S$, X−1); "*";
9Ø GOTO 4Ø
RUN
```

Daraufhin wird ein Fragezeichen erscheinen. Tippen Sie nun zwei durch ein Komma getrennte Zahlen aus dem Bereich von 1 bis 1Ø, z. B.

4, 1 (und natürlich die RETURN-Taste).

Geben Sie andere Zahlenpaare ein, bis Sie den Zusammenhang zwischen Ihren Eingabewerten und der Lage der Sterne erkennen.

Falls Ihr Rechner mit einem Farbfernseher verbunden ist, sollten Sie gelegentlich bei niedergehaltener CTRL-Taste eine der Ziffern 1 bis 8 drücken und sich die Auswirkung ansehen.

Beenden Sie die Ausführung des Programms. Wenn Sie nicht mehr wissen, wie das geht, sehen Sie in Abschnitt 4.4 nach.

i) Ändern Sie das Programm jetzt in folgender Weise:
(Dabei bedeutet ⊙↑, daß Sie die CTRL-Taste niederhalten und dann die im Kreis stehende Ziffer tippen sollen. ⊙↓ heißt, daß Sie entsprechend mit der SHIFT-Taste verfahren.)

```
15 FS = "(↑1) (↑2) (↑3) (↑4) (↑5) (↑6) (↑7) (↑8) "
25 AS = "(↓X) (↓A) (↓S) (↓Z) "
4Ø Z = 1 + INT(RND(TI)*1Ø)
5Ø S = 1 + INT(RND(TI)*1Ø)
6Ø F = 1 + INT(RND(TI)* 8)
7Ø A = 1 + INT(RND(TI)* 4)
8Ø PRINT LEFT$ (Z$, Z + 1);LEFT$ (S$, S); MID$ (F$, F, 1); MID$ (A$, A, 1)
RUN
```

Daraufhin sollte ein Tanz bunter Symbole beginnen, den Sie mit der STOP-Taste beenden können.

5.1 Textdarstellung

Sie haben gesehen, daß der Rechner sowohl Zahlen als auch Zeichenketten ausgeben kann.
Soll der Inhalt des Speicherplatzes X dargestellt werden, schreibt man

    ?X

Durch die Anweisung

    ?"X"

wird dagegen der Buchstabe X ausgegeben, ein sog. String.

> Ein **String** ist eine Folge beliebiger Zeichen, die am Anfang und am Ende durch An-
> führungszeichen begrenzt ist.
>
> Alle Spezialtasten mit Ausnahme der DEL-Taste werden nicht sofort ausgeführt, son-
> dern als Teil des Strings gespeichert (und ggf. später ausgeführt), wenn sie innerhalb
> der Anführungszeichen betätigt werden.

Bei der Korrektur von Tippfehlern beim Aufbau eines Strings werden Sie die Cursor-Steuertasten womöglich vermissen. Anstatt mit der DEL-Taste rückwärts alle Zeichen bis zum
Fehler zu löschen, können Sie auch wie folgt vorgehen: Sie schreiben den String zu Ende
und drücken die RETURN-Taste. Danach funktionieren die Spezialtasten wieder normal.
Sie können den Cursor auf die fehlerhafte Stelle fahren, korrigieren in gewohnter Weise und
geben erneut die RETURN-Taste.

Die **Programmierbarkeit der Spezialtasten** bietet dem Benutzer u. a. die Möglichkeit, vor
der eigentlichen Ausgabe den Bildschirm zu löschen. Dieses Löschen geschieht ja mit der
CLR-Taste (SHIFT nicht vergessen!), die in einen String zu setzen ist. Die Anweisung sieht
dann so aus:

    ?"▼"

Der Bildschirm wird gelöscht, wenn diese Anweisung ausgeführt wird.

Die vorangegangenen Übungen haben ferner gezeigt, daß es im cbm-BASIC neben den oben
erklärten String-Konstanten auch String-Variable gibt. In Zeile 11∅ aus Übung b) haben wir
davon Gebrauch gemacht und den String "UMSATZ = " auf der Variablen U$ gespeichert.

> Namen von **Stringvariablen** bestehen aus dem Namen einer gewöhnlichen Variablen,
> dem das Dollarzeichen angefügt ist.
>
> TI$ ist eine Systemvariable, sie enthält die Zeit in der Form "hhmmss".

Abgesehen von den Systemvariablen TI und TI$ besteht zwischen einer Stringvariablen und
der gewöhnlichen Variablen, die man nach Weglassen des Dollarzeichens erhält, kein
zwangsläufiger Zusammenhang. Bei der Vergabe von Namen für Stringvariable braucht man
keine Rücksicht auf benutzte gewöhnliche Variablen zu nehmen und umgekehrt.

5.2 Ausgabeanweisung

Fast alle bisherigen Übungen enthielten Ausgabeanweisungen. Deshalb sind Ihnen die nachfolgenden Regeln für diesen Befehlstyp wahrscheinlich schon geläufig.

Die allgemeine Form der **Ausgabeanweisung** lautet

PRINT Liste bzw. ?Liste

In der Liste stehen Strings (als Konstante oder Variable) oder arithmetische Ausdrücke (s. Kap. 3).

Die Bestandteile der Liste müssen durch Komma oder Semikolon getrennt, die Liste darf mit einem solchen Trennzeichen beendet werden.

Die Liste darf fehlen.

Durch die Ausgabeanweisung werden die Strings oder die Werte der arithmetischen Ausdrücke aus der Liste auf dem Bildschirm dargestellt. Deshalb mutet es wohl seltsam an, daß diese Liste fehlen darf. In diesem Falle wird natürlich nichts ausgegeben. Es wird nur der Cursor an den Anfang der nächsten Bildschirmzeile gesetzt.

Zum Platzbedarf der Ausgabe auf dem Bildschirm ist festzuhalten:

Ein String belegt für jedes seiner Zeichen eine Stelle.

Der Platzbedarf einer Zahl wird durch die Anzahl ihrer Ziffern festgelegt zuzüglich einer Stelle für das Vorzeichen.

Sollen in einer Zeile mehr Zeichen ausgegeben werden als der Bildschirm darstellen kann, wird der Überhang in die nächste Zeile gesetzt.

5.3 Positionierung der Ausgabe

Wenn Sie die Übungen c) und d) korrekt ausgeführt haben, haben Sie (beim VC 20) folgende Ausgabezeilen erhalten.

Bei c: TAGESUMSATZ = 12000 DM
Bei d: TAGESUMSATZ =
       12000   DM

Das Komma in der Ausgabeliste führt also zu größeren Abständen als das Semikolon. Beachten Sie auch, daß das Wort TAGES mit der Ausgabeanweisung aus Zeile 12Ø und der Rest mit der aus Zeile 13Ø geschrieben wurde. So können die Daten einer Bildschirmzeile also von verschiedenen PRINT-Anweisungen stammen, während die Daten einer PRINT-Anweisung stets in eine Bildschirmzeile gesetzt werden. Der genaue Aufbau der Ausgabezeilen wird verständlich, wenn Sie sich folgende Regeln ansehen.

Jede 1Ø. Stelle (11. beim VC 20) der **Ausgabezeile** ist vortabuliert. Mit dem Komma wird zur nächsten Tabulatorstelle vorgerückt.

Hinter einem arithmetischen Ausdruck bewirkt das Semikolon einen Abstand von einer Stelle zum nächsten Zeichen. Hinter einem String unterdrückt das Semikolon den Vorschub.

Endet eine PRINT-Anweisung nicht mit einem Trennzeichen, steht der Cursor vor der nächsten Ein- oder Ausgabe am Anfang der nächsten Zeile.

Von diesen Standardfestlegungen für eingeschobene Leerstellen und Tabulatorpositionen kann jedoch abgewichen werden. Dazu muß in die Ausgabeliste vor den Wert, der absolut

(TAB) oder relativ zum Vorgänger (SPC) positioniert werden soll, eine entsprechende Angabe eingefügt werden. Diese sollte durch Semikolons begrenzt werden, weil ihre Wirkung
sonst durch die Vorschubwirkung des Kommas verfälscht wird.

> Mit SPC(n) werden n Leerstellen ausgegeben.
>
> Mit TAB(n) wird hinter die nte (also auf die (n + 1)te) Ausgabestelle vorgerückt.
>
> Als n darf ein arithmetischer Ausdruck geschrieben werden, dessen Wert zwischen
> $\emptyset$ und 255 liegt.

Beachten Sie, daß mit TAB nicht zurückgegangen werden kann. Die TAB-Anordnung wird
ignoriert, wenn der Cursor schon hinter der angesprochenen Position steht. Außerdem müssen Sie bedenken, daß Sie z.B. mit TAB(1) auf die 2. Stelle der aktuellen Zeile positionieren. Diese Ungereimtheit liegt daran, daß rechnerintern die 1. Stelle die Adresse $\emptyset$, die
2. Stelle die Adresse 1 hat usw., so daß mit TAB(n) auf die nte Stelle bei interner Zählweise vorgerückt wird, und das ist die (n + 1)te Stelle bei der üblichen Zählweise.

Während mit den bisher vorgestellten Sprachelementen die Ausgabe jeweils relativ zur vor-
herigen positioniert wird, hat Übung h) gezeigt, daß unabhängig von der Vorgeschichte
feste Bildschirmpositionen angesteuert werden können. Lassen Sie uns kurz darauf eingehen.

Grundlegende Voraussetzung ist die **Programmierbarkeit der Spezialtasten** (s. Abschnitt
5.1). Man legt je eine Stringvariable mit "Cursor-rechts"- und "Cursor-abwärts"-Tasten an
und setzt an den Anfang einer dieser Variablen die HOME-Taste. In Übung h) war das Z$.
Wer den ganzen Bildschirm erreichen will, muß die beiden Strings entsprechend verlän-
gern. Ist dann — gezählt von der linken oberen Ecke — die Bildschirmposition bekannt, bei
der ein Ausgabewert beginnen soll, müssen in dem zugehörigen PRINT-Befehl zuvor entsprechende Teile der vorgenannten Strings mit ausgegeben werden. Wichtig ist, mit dem
String zu beginnen, der die HOME-Taste enthält, und als Trennzeichen das Semikolon zu
verwenden. Das Begrenzen der Teilstrings geschieht mit der LEFT$-Funktion (s. Kap. 13).
So bedeutet z. B. LEFT$ (Z$, N), daß die vorderen N Zeichen des Strings Z$ zu nehmen
sind.

5.4 Farbige Ausgabe

Die Übungen h) und i) haben gezeigt, wie in einfacher Form die Farbe der auszugebenden
Zeichen gesteuert wird.

> Die Ausgabefarbe wird festgelegt, wenn bei niedergehaltener CTRL-Taste eine der
> Ziffern 1 bis 8 eingegeben wird.

Bemerkenswert ist, daß auch diese Farbwahl programmierbar ist. Setzt man eine dieser
Tastenkombinationen in einen String ein, bleibt die Ausgabefarbe zunächst unverändert.
Die Farbfestlegung wird erst wirksam, wenn der String mit einer PRINT-Anweisung auf
dem Bildschirm ausgegeben wird.

Davon haben wir in Übung i) Gebrauch gemacht. Der String F$ enthielt alle möglichen
Farbfestlegungen. In Zeile 8$\emptyset$ wurde mit MID$ (F$, F, 1) (s. Kap. 12) die Farbe aktiviert,
die dem Wert von F entspricht. Die Berechnung von F in Zeile 6$\emptyset$ geschah so:

Der Zufallszahlengenerator RND (s. Kap. 12) liefert Zahlen zwischen $\emptyset$ und 1 ausschließlich der Grenzen. Diese werden mit 8 multipliziert, und dann wird durch die Funktion INT (s. Kap. 12) der gebrochene Anteil weggeschnitten. Es ergeben sich also Werte zwischen $\emptyset$ und 7 einschließlich der Grenzen, und nach Addition von 1 liegt F zwischen 1 und 8.

5.5 Aufgaben

An dieser Stelle scheint ein grundsätzlicher Hinweis zur Bearbeitung der Aufgaben angebracht.

Je weiter Sie sich die Sprache BASIC erarbeiten, desto unwahrscheinlicher wird es, daß Ihre Lösungen mit den angegebenen Musterlösungen identisch sind. Sie brauchen also einen anderen Weg, um Ihre Lösung überprüfen zu können. Benutzen Sie dafür den Rechner, wann immer das möglich ist!

Auch wenn im Aufgabentext nicht ständig darauf hingewiesen wird, kann fast immer mit wenigen Zusatzbefehlen ein kleines Programm formuliert werden, das die aktuelle Aufgabe einschließt. Lassen Sie dieses Programm laufen, sehen Sie sich Zwischenergebnisse an, variieren Sie die Ausgangswerte, und Sie werden bald erkennen, ob Sie die jeweilige Aufgabe gelöst haben. Schon die nachstehenden Aufgaben sollten Sie in diesem Stil bearbeiten.

5-1   Wir nehmen an, daß auf den Variablen A und B Zahlen mit je max. 5 Ziffern stehen. Schreiben Sie eine Ausgabeanweisung, mit der der Wert von A ab Stelle 12 und der Wert von B in der gleichen Zeile ab Stelle 3 ausgegeben werden.

5-2   Wie erreichen Sie mit getrennten Ausgabeanweisungen für A und B die gleiche Ausgabezeile wie in Aufgabe 5-1?

5-3   Der Inhalt des Speicherplatzes G, hier durch xxx repräsentiert, soll in folgender Form ausgegeben werden:

GEWICHT: xxxKG

Schreiben Sie die Ausgabeanweisung hierfür so, daß vor und hinter xxx möglichst wenig Leerstellen auftreten.

5-4   Wie erreichen Sie folgende Anordnung der Ausgabe?

GEWICHT
xxx   KG

Dabei sollen vor Gewicht 3 Leerstellen erscheinen und für Werte von G zwischen $1\emptyset\emptyset$ und 999 soll KG unter HT stehen.

6 Eingabe

Damit Sie Ihre Programme vielfach und vor allem unverändert verwenden können, müssen Sie diese weitgehend unter Benutzung von Variablen formulieren. Als Konstante sollten Sie nur Universalkonstanten, wie z.B. π, oder Systemkonstanten einprogrammieren. Darunter versteht man Zahlen, die für eine Problemklasse konstant sind, aber nicht das Einzelproblem beschreiben. So könnte man die 2 in der Kreisumfangsformel $U = 2\pi R$ als Systemkonstante bezeichnen, während der Radius R natürlich den konkreten Kreis beschreibt.

Die Kenngrößen des speziellen Problems müssen dem Rechner bekannt gemacht werden. Da Sie diese aber nicht als Konstanten einprogrammieren sollen, müssen Sie Eingabeanweisungen (INPUT, READ) für entsprechende Variablen schreiben. Die Zahlen werden dann während der Ausführung aus einer DATA-Zeile (READ) oder einer Bildschirmzeile (INPUT) entnommen. Dieses Zusammenspiel soll jetzt geübt werden.

a) Löschen Sie den Programmspeicher und schreiben Sie

```
2DATA 4, 5, 6, 7
3ØREAD A, B: ?A; B,
4ØREAD A: ?A
```

Starten Sie das Programm.

b) Ergänzen Sie

```
1DATA 3
RUN
```

Wenn Sie das Ergebnis registriert haben, starten Sie erneut mit

```
GOTO3Ø
```

c) Falls die Übung b) nicht mit einer Fehlermeldung endete, haben Sie einen Fehler gemacht. Wiederholen Sie b) ggf. in der vorgeschriebenen Form. Danach ergänzen Sie

```
5ØRESTORE
```

Geben Sie erneut

```
RUN
```

und nach dem Durchlauf erneut

```
GOTO3Ø
```

Lassen Sie sich das Programm anlisten, und versuchen Sie kurz, die Ergebnisse zu verstehen.

d) Löschen Sie das alte Programm und schreiben Sie

```
2ØINPUT S1, S2
4Ø ?"SUMME ="; S1 + S2
RUN
```

Daraufhin erscheint ein Fragezeichen, mit dem Ihr cbm-Rechner Sie auffordert, Daten
für eine INPUT-Anweisung einzugeben. Schreiben Sie 2 Zahlen, die Sie durch ein Komma trennen müssen (z. B. 8,4) und betätigen Sie die RETURN-Taste.

e) Fügen Sie zwischen INPUT und S1 folgende Zeichen ein:

   "SUMMANDEN";

Starten Sie das Programm. Jetzt wäre es vernünftig, wie bei d) eine Datenzeile mit 2 Zahlen aufzubauen. Versuchen Sie es statt dessen mit nur einer Zahl und der RETURN-
Taste.

Geben Sie noch eine Zahl ein, und es erscheint wieder die Summe beider Zahlen.

f) Starten Sie das Programm erneut und drücken Sie nach dem Erscheinen des Frage-
   zeichens die STOP-Taste. Was passiert?

Halten Sie nun die STOP-Taste nieder und betätigen gleichzeitig die RESTORE-Taste.

g) Schreiben Sie

   1ØINPUT"EINHEIT"; E$

und ergänzen am Ende von Zeile 4Ø

   ;E$

Starten Sie das Programm. Als aktuellen Wert für E$ können Sie z. B. die Zeichenfolge

   D-MARK

wählen. Die Zahlen geben Sie am besten wie in Übung d) ein.

6.1 Eingabe während des Programmlaufs

Wir haben eingangs schon betont, daß problembezogene Daten über Eingabeanweisungen
in das Programm einfließen sollten. Ein gängiges Prinzip ist, das Programm während der
Programmausführung zu unterbrechen, wenn neue Daten benötigt werden, und diese Unterbrechung dem Benutzer anzuzeigen. Hier geschieht das mit einem Fragezeichen. Daraufhin
gibt der Benutzer über den Bildschirm bzw. die Tastatur die Daten ein, und das Programm
wird automatisch fortgesetzt.

> Diese **Eingabeanweisung** hat die Form
> INPUT Variablenliste bzw.
> INPUT "Text"; Variablenliste
>
> In der Liste stehen Variablennamen, die durch Kommas zu trennen sind.

Besonders bei Programmen mit mehreren INPUT-Anweisungen empfiehlt sich die zweite
Form. Bei ihr erscheint später als Zeichen der Programmunterbrechung der hinter INPUT
gesetzte Text und dann das Fragezeichen. Dadurch wird es möglich, die verschiedenen Lese-
befehle zu kennzeichnen oder gar dem Benutzer Hinweise für die Dateneingabe zu geben.

In der Variablenliste dürfen beliebige Variablen stehen. Beim **Aufbau der Datenzeilen** ist jedoch zu beachten, daß die Daten zum jeweiligen Variablentyp passen, also z. B. kein String
geschrieben wird, wenn in der Liste eine gewöhnliche Variable an der Reihe ist.

Damit das Programm nach der Unterbrechung für eine INPUT-Anweisung fortgesetzt wird, müssen soviel Daten eingegeben werden, wie Variablen in der Liste stehen.

Die eingegebenen Daten werden der Reihe nach den Variablen der Variablenliste zugeordnet.

Die Daten für eine INPUT-Anweisung dürfen in eine Zeile geschrieben werden, müssen es aber nicht.

Innerhalb einer Zeile werden Daten durch Kommas getrennt.

Beispiel:

Wir wollen ein Programm schreiben, das das Volumen eines Ziegelsteines berechnet. Wenn wir die Kantenlängen mit L, B und H bezeichnen, erhalten wir das Volumen als $V = L*B*H$. Um möglichst flexibel zu bleiben, wollen wir alle Kantenlängen im Programm als Variable behandeln und deren Werte über einen Lesebefehl festlegen. Anschließend kann das Volumen berechnet und ausgegeben werden. Schließlich bieten wir dem Benutzer noch die Möglichkeit, das Ergebnis mit einem beliebigen Text TE$ zu kennzeichnen.

Bild 6.1 zeigt Ihnen, wie diese Aktionenfolge als Ablaufplan dargestellt wird. Übertragen wir diesen Plan in BASIC:

```
10 INPUT L, B, H, TE$
20 V = L*B*H
30 ?TE$; V
```

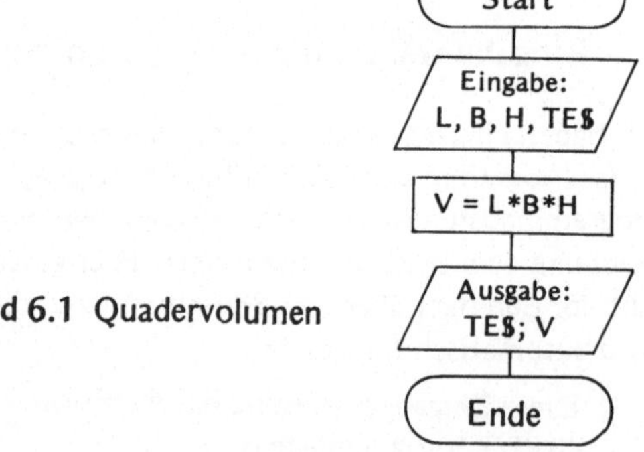

Bild 6.1 Quadervolumen

Nachdem Sie dieses Programm gestartet haben, werden Sie aufgefordert, Daten einzugeben. Diese können Sie auf viele Arten anordnen. Zwei davon seien hier aufgeführt.

Version 1:

```
?24.0,11.5,7.1, NORMALFORMAT RETURN-Taste
```

Version 2:

```
?24.0,11.5,7.1          RETURN-Taste
??NORMALFORMAT  RETURN-Taste
```

Die Eingabe der 4 genannten Größen hätten wir auch mit folgenden Anweisungen erreichen können:

```
1Ø INPUT "LAENGE";L
12 INPUT "BREITE";B
14 INPUT "HOEHE";H
16 INPUT "TEXT";TE$
```

In diesem Fall spielt sich bei der Dateneingabe folgender Dialog ab:

LAENGE? 28.5	RETURN-Taste
BREITE? 13.5	RETURN-Taste
HOEHE? 8.5	RETURN-Taste
TEXT? KLOSTERFORMAT	RETURN-Taste

Zur Klarstellung sei noch einmal betont, daß die Zeileninhalte bis einschließlich der Fragezeichen bei der Ausführung der INPUT-Anweisungen von Ihrem Rechner stammen, während Sie den Rest der Zeilen schreiben. Dabei hätten Sie die Strings auch durch Anführungszeichen begrenzen dürfen.

Sie werden es schon selber bemerkt haben, aber trotzdem sei darauf hingewiesen, daß unser Programm mehr kann, als in der Aufgabenstellung gefordert ist. Die Ursache liegt primär in dem notwendigen Abstraktionsprozeß, der bei komplexeren Problemen oft Kopfzerbrechen bereitet, hier jedoch kaum bewußt wurde: wir haben den Stein als Sonderfall eines Quaders erkannt. Durch die Verwendung allgemein gehaltener Texte und vor allem der Textvariablen haben wir dann konsequent das durch die Abstraktion verallgemeinerte Problem „Quadervolumen" programmiert.

6.2 Eingabe vor dem Programmstart

Die Dateneingabe über die INPUT-Anweisung wird unbefriedigend, wenn für einen Programmdurchlauf relativ viele Eingabedaten erforderlich sind. Entdecken Sie nämlich einen Fehler in den Daten erst, nachdem die betreffende Datenzeile per RETURN-Taste an das Programm übergeben wurde, müssen Sie in der Regel das Programm neu starten und *alle* Daten neu eingeben. Um so etwas zu vermeiden, ist es oft besser, zuerst alle Daten zu schreiben, zu speichern, ggf. zu korrigieren und erst dann das Programm zu starten. Damit gehören die in Ihrem cbm-Rechner gespeicherten Daten zwar formal zum Programm (s. Abschnitt 4.1), aber es macht weniger Mühe, korrekte Eingabewerte bereitzustellen.

Derartige Programmzeilen, die Daten für einen Leseprozeß enthalten, werden durch das Kennwort DATA bezeichnet.

> Der Aufbau der DATA-Anweisung ist
> DATA Werteliste
>
> Die Daten in der Werteliste werden durch Kommas getrennt.

Wenn die Daten von einer anderen Stelle gelesen werden sollen als bei INPUT, bedarf es natürlich eines weiteren Eingabekommandos: READ.

> Diese **Eingabeanweisung** hat die Form
> READ Variablenliste
>
> In der Liste stehen Variablennamen, die durch Kommas zu trennen sind.

Beispiele für READ und DATA kennen Sie schon aus den Übungen a) bis c). Sehen Sie sich noch einmal an, wie das Zusammenspiel zwischen diesen beiden Anweisungsarten in Übung b) ablief. Zunächst erhielten A den Wert 3 und B den Wert 4. Ein READ versorgte sich also aus verschiedenen DATA-Anweisungen. Das anschließende READ A brachte A den Wert 5. Eine DATA-Anweisung konnte also abschnittsweise von verschiedenen READ-Anweisungen gelesen werden. Beim zweiten Durchlauf reichten dann die Daten nicht, so daß eine Fehlermeldung erfolgte. Diese Meldung wurde in Übung c) vermieden, aber hier brachte der zweite Durchlauf auch die gleichen Zahlen wie der erste. Lassen Sie uns diese Beobachtungen nun in Merkregeln umsetzen.

> Die Daten aus allen DATA-Anweisungen werden der Reihe nach den Variablen aus den ausgeführten READ-Anweisungen zugeordnet.
>
> Mit Hilfe eines sog. Pointers merkt sich der Rechner, wie weit die DATA-Anweisungen schon abgearbeitet wurden.
>
> Mit RESTORE wird der Pointer in seine Ausgangsstellung zurückgesetzt, also an den Anfang der ersten DATA-Anweisung.

Es gibt keine bindende Vorschrift für die Anordnung der DATA-Zeilen innerhalb des Programms. Im Hinblick auf die Eigenarten des Lesens aus den DATA-Zeilen und deren bequeme Änderung sollte man diese totale Freizügigkeit jedoch nicht ausnutzen. Der Autor rät Ihnen statt dessen, alle DATA-Anweisungen an den Anfang des Programms zu setzen und hierfür fortlaufende Zeilennummern zu verwenden.

6.3 Einzelzeichen-Eingabe

Wer in der Programmierung wenig erfahren ist, sollte diesen Abschnitt übergehen. Die hier dargestellte Eingabevariante bietet zwar interessante Möglichkeiten, aber deren sinnvolle Nutzung setzt voraus, daß man die Programmsteuerung (s. Kap. 7) beherrscht.

Mit GET steht ein Eingabe-Kommando zur Verfügung, mit dem bei jeder Ausführung ein Zeichen in den Rechner übernommen werden kann.

> Die Eingabe eines Zeichens von der Tastatur kann programmiert werden mit
> GET Variable
>
> Es darf eine gewöhnliche oder eine Stringvariable benutzt werden.

Das Programm wird durch GET nicht unterbrochen, so daß es auch nicht wie bei INPUT nach der Dateneingabe mit der RETURN-Taste fortgesetzt werden muß.

Da bei Verwendung gewöhnlicher Variabler das Programm abbricht, falls ein nichtnemerisches Zeichen eingegeben wird, sollte im GET stets eine Stringvariable benutzt werden.

Außerdem empfiehlt sich i. a. eine Warteschleife wie z. B.

    5Ø GET A$: IF A$ = " "THEN 5Ø

wobei die Anführungszeichen unmittelbar hintereinander zu setzen sind.

Als weiteres Anwendungsbeispiel wollen wir eine von außen gesteuerte Mehr-Wege-Ver-
zweigung nennen, mit der bei einem Eingabewert von 1 nach 1ØØØ, bei 2 nach 2ØØØ und
bei 3 nach 3ØØØ gesprungen wird:

    5Ø GET A$: ON VAL(A$) GOTO 1ØØØ, 2ØØØ, 3ØØØ : GOTO 5Ø

Bei der Benutzung des GET-Befehls sollte bedacht werden, daß die Zeichen unmittelbar
aus dem Tastaturpuffer gelesen werden. Dieser Puffer kann bis zu 1Ø Zeichen enthalten,
die von den GET-Anweisungen des Programms der Reihe nach eingefragt werden.

In analoger Weise können einzelne Zeichen von einem Peripheriegerät geholt werden. Das
Kommando lautet dann GET#k, Variable. Es setzt ein OPEN für die Kanalnummer k voraus (s. Kap. 8 und 9).

6.4 Aufgaben

6-1 Durch eine INPUT-Anweisung soll der Variablen T$ der 7stellige String ABC, DEF zu-
    gewiesen werden. Wie müssen Sie die Datenzeile schreiben?

6-2 Benutzen Sie statt der INPUT- eine READ-Anweisung. Wo bzw. wie müssen Sie jetzt
    den String ABC, DEF schreiben?

6-3 Eine Ausgabezeile für die Werte von zwei Variablen können Sie alternativ mit einer
    PRINT- oder mit zwei PRINT-Anweisungen schreiben. Können Sie dementsprechend
    eine Datenzeile mit 2 Zahlen alternativ mit einem oder zwei Lesebefehlen lesen?

7 Verzweigungen

In den bisherigen Übungen und Beispielen haben wir nur lineare Programme geschrieben:
Bei jedem Durchlauf wurde jede Anweisung genau einmal ausgeführt. Von dieser Programm-
struktur wollen wir nun abgehen.

a) Schreiben Sie

```
1∅ INPUT "Z"; Z:?
2∅ IF Z < ∅ THEN ?"REN";
3∅ ?"TIER":?: GOTO 1∅
RUN
```

Geben Sie im unregelmäßigen Wechsel positive und negative Zahlen ein und registrieren
Sie den Zusammenhang zwischen Eingabe- und Ausgabewerten.

b) Löschen Sie in Zeile 2∅ die zwischen der Zeilennummer und dem Fragezeichen (bzw.
PRINT) stehenden Zeichen und lassen Sie das Programm mit den gleichen Zahlen wie in
Übung a) laufen. (Falls keine Unterschiede auftreten, haben Sie nach dem Löschen wahrscheinlich die RETURN-Taste vergessen. Lassen Sie sich die Zeile 2∅ zeigen und korrigieren Sie sie wie vorgeschrieben.)

c) Schreiben Sie

```
3∅ ?A*B:GOTO1∅
1∅ INPUT "A, B"; A, B
2∅ IF A = ∅ OR B = ∅ THEN?"NULL": GOTO 1∅
```

Lassen Sie auch dieses Programm laufen. Wählen Sie die einzugebenden Zahlenpaare so,
daß gelegentlich, aber nicht immer eine Null vorkommt.

d) Schreiben Sie

```
1∅ S = ∅
2∅ Z = RND(TI): S = S + Z: ?Z
3∅ IF S < = 7 THEN GOTO 2∅
4∅ ?"SUMME";S
```

Geben Sie mehrfach das RUN-Kommando und prüfen Sie jeweils, daß die Differenz der
letzten beiden Zahlen die 7 noch nicht übersteigt.

e) Löschen Sie in Zeile 3∅ das Kommandowort GOTO, so daß die Zeile auf THEN 2∅ endet. Überzeugen Sie sich, daß das Programm genau so arbeitet wie bisher. Die ausgegebenen Zahlen wiederholen sich allerdings im allgemeinen nicht, weil wir in Zeile 2∅ einen Zufallszahlengenerator (RND) benutzen.

f) Schreiben Sie

```
1Ø INPUT"Z"; Z
2Ø ON Z GOTO 4Ø, 1Ø, 3Ø, 4Ø
3Ø ?:?"A":?: GOTO 1Ø
4Ø ?:?"B":?:GOTO 1Ø
```

Starten Sie das Programm, geben Sie in beliebiger Reihenfolge ca. 1Ø Zahlen zwischen Ø und 6 ein und registrieren Sie den Zusammenhang zwischen Ihrer Eingabe und der Ausgabe.

7.1 Sprunganweisung

Wir haben in früheren Beispielen gesehen, daß die Programmzeilen aufsteigend nach Zeilennummern sortiert und in dieser Reihenfolge abgearbeitet werden. Durch besondere Anweisungen, sog. Verzweigungen, kann jedoch von dieser „natürlichen" Reihenfolge abgewichen werden.

Die einfachste Verzweigung ist die Sprunganweisung, in der wir die Nummer der Zeile vorgeben, mit der die Programmausführung fortgesetzt werden soll.

> Die allgemeine Form der **Sprunganweisung** ist
> GOTO n
> Darin bedeutet n die Nummer einer im Programm vorhandenen Zeile.

Die Wirkung sahen Sie z.B. in Übung a). Nach jeder Ausgabe des Wortes TIER (Zeile 3Ø) wurde von Ihnen die Eingabe einer Zahl gefordert (Zeile 1Ø).

Die Übungen d) und e) haben gezeigt, daß ein bedingter Sprung (s. Abschnitt 7.3) auch kürzer codiert werden kann.

> In einer **bedingten Sprunganweisung** braucht statt THEN GOTO n nur THEN n geschrieben zu werden.

Schon mit der einfachen GOTO-Anweisung können wir die lineare Struktur unserer bisherigen Programme aufweichen. Beispielsweise werden reine Berechnungsprogramme oft so eingesetzt, daß das Programm mehrfach unmittelbar nacheinander mit verschiedenen Daten ausgeführt wird. Dazu mußten wir bisher nach jedem Durchlauf das Programm neu starten. Das können wir sparen, wenn wir ans Programmende einen unbedingten Sprung zur ersten ausführbaren Anweisung setzen.

Damit erhält das Programm die Struktur einer unendlichen Schleife. Solange bei jedem Durchlauf garantiert eine INPUT-Anweisung erreicht wird, ist das fehlende Ende aber kein Nachteil. Beim INPUT hält das Programm an, und der Benutzer entscheidet über Fortsetzung (Daten und RETURN-Taste) oder Abbruch (STOP- und RESTORE-Taste).

7.2 Berechneter Sprung

Der einfache Sprung bewirkt die Fortsetzung des Programms an stets der gleichen Stelle.
Die bedingte Sprunganweisung (s. Abschnitt 7.3) gestattet dagegen, eine Alternative zu
programmieren: entweder wird gesprungen oder nicht. Daneben enthält das cbm-BASIC
noch den berechneten Sprung, mit dem aus einer Menge von Zeilennummern eine ausge-
wählt wird, um dort die Ausführung fortzusetzen. Sie kennen diese Anweisung aus Übung f).
Dort wurde "B" ausgegeben, wenn der ganzzahlige Teil der eingegebenen Zahl 1 oder 4
war. Bei 2 wurde sofort zum Lesebefehl verzweigt, und in den anderen Fällen wurde die
Zeile 3Ø ausgeführt, d. h. bei Ø, bei 3 und von 5 an aufwärts.

Lassen Sie uns die Regeln für diesen Anweisungstyp zusammenstellen:

> Die allgemeine Form der **berechneten Sprunganweisung** ist
> ON a GOTO n1, n2, ... , nk
>
> Darin sind n1 bis nk die Nummern im Programm vorhandener Zeilen und a ein nicht
> negativer arithmetischer Ausdruck.

Wenn der ganzzahlige Teil von a 1 ist, wird zur Zeile n1 verzweigt, ist er 2, wird bei Zeile n2
fortgesetzt usw. Es wird nicht gesprungen, sondern die Ausführung in der nachfolgenden
Zeile fortgesetzt, wenn der ganzzahlige Teil von a gleich Ø oder größer als k ist.

7.3 Bedingte Anweisung

In den Übungen, z.B. in Übung a), haben Sie erlebt, daß eine Anweisung (PRINT "REN")
gelegentlich nicht ausgeführt wurde. Sie war als bedingte Anweisung codiert und wurde nur
erreicht, wenn Sie eine negative Zahl Z eingegeben hatten. In Übung b) wurde hingegen jedesmal REN geschrieben, so daß die Bedingung offenbar durch den Teil der Zeile 2Ø aus-
gedrückt war, den Sie in Übung b) gelöscht haben.

Was hier am Beispiel einer Ausgabeanweisung demonstriert wurde, ist durchweg erlaubt.
Die Ausführung jeder Anweisung (Ausnahme: FOR, s. Kap. 11) kann vom Vorliegen be-
stimmter Bedingungen abhängig gemacht werden.

> Die allgemeine Form der **bedingten Anweisung** ist
> IF Bedingung THEN Anweisung

Wenn die Bedingung verletzt ist, wird die hinter THEN stehende Anweisung, der sog. Ja-
Ast, ignoriert und sofort die nachfolgende Zeile abgearbeitet. Ist die Bedingung erfüllt, wird
der Ja-Ast ausgeführt. Dieser darf mehrere durch Doppelpunkt getrennte Anweisungen enthalten, die entweder alle ignoriert oder alle ausgeführt werden. Endet der Ja-Ast nicht mit
einer Sprunganweisung, wird anschließend die nachfolgende Zeile abgearbeitet.

Bedingungen werden oft als Vergleich geschrieben.

> Ein **Vergleich** besteht aus 2 arithmetischen Ausdrücken oder 2 Strings (den Operan-
> den) und einem Vergleichsoperator.

> Wenn a1 und a2 Operanden des gleichen Typs bezeichnen, sind folgende Vergleiche
> möglich:
>
> | BASIC | Bedeutung |
> |---|---|
> | a1 $<$ a2 | a1 kleiner als a2 |
> | a1 = a2 | a1 gleich a2 |
> | a1 $>$ a2 | a1 größer als a2 |
> | a1 $>$ = a2 | a1 größer oder gleich a2 |
> | a1 $<>$ a2 | a1 ungleich a2 |
> | a1 $<$ = a2 | a1 kleiner oder gleich a2 |

Strings werden von vorne her zeichenweise verglichen, bis 2 unterschiedliche Zeichen auftreten. Auf der Basis des zur internen Zeichendarstellung verwendeten Codes (ASCII:
American Standard Code for Information Interchange) ergibt sich die Größenrelation zwischen den Zeichen. Diese stimmt überein mit der üblichen lexikografischen Anordnung,
wobei die Ziffern noch vor den Buchstaben rangieren. Falls ein String mit dem Anfang eines anderen völlig übereinstimmt, gilt der kürzere als kleiner.

Für den Bereich numerischer Vergleiche sind mit der obigen Regel auch Bedingungen wie
in Übung a) oder d) erfaßt; denn ein arithmetischer Ausdruck (vgl. Abschnitt 3.4) kann bis
auf eine Konstante oder eine Variable abmagern. Es geht aber auch komplizierter, wie
Übung c) zeigt.

> Wenn b1 und b2 zulässige Bedingungen (z.B. Vergleiche) bezeichnen, dürfen folgende
> **Bedingungen** formuliert werden:
>
> | BASIC | Bedeutung |
> |---|---|
> | NOT b1 | Negation von b1 |
> | b1 AND b2 | b1 und b2 |
> | b1 OR b2 | b1 oder b2 |

Da „kleiner oder gleich" das Gegenteil (die Negation) von „größer" ist, sind z.B. folgende
Bedingungen gleichwertig:

> a1 $<$ = a2   entspricht   NOT a1 $>$ a2

Für den Gebrauch von AND und OR sei daran erinnert, daß eine mit „und" gebildete Gesamtbedingung b1 und b2 erfüllt ist, wenn beide Einzelbedingungen erfüllt sind. Bei „oder"
hingegen ist die Gesamtbedingung b1 oder b2 erfüllt, wenn mindestens eine Einzelbedingung erfüllt ist. So wurde in Übung c) das Wort NULL geschrieben, wenn Sie eine oder zwei
Nullen eingegeben hatten.

Eine Erläuterung der Aussagenlogik kann hier nicht erfolgen, weil sie zu weit vom Thema
dieses Buches wegführt. Wer programmieren will, sollte die Regeln der formalen Logik jedoch kennen und über die obigen Andeutungen hinaus z.B. in der Lage sein, zusammengesetzte Aussagen (Bedingungen) zu negieren. Wenn Sie auf diesem Gebiet Wissenslücken
spüren, sollten Sie sie, vielleicht mit Hilfe der einschlägigen Literatur, beizeiten beseitigen.

Nachdem wir in diesem Kapitel weitere Operatoren kennengelernt haben, müssen wir noch
einmal die Frage ihrer Priorität aufgreifen. Wie bei den arithmetischen Operatoren kann

auch hier durch Paare runder Klammern vorgeschrieben werden, in welcher Reihenfolge die in einem Ausdruck auftretenden Operatoren abgearbeitet werden sollen. Soweit davon kein Gebrauch gemacht wird, gilt folgende

Rangordnung der Operatoren:

Rang	Operator
1	$\uparrow$
2	*/
3	+ −
4	Vergleichsoperatoren
5	NOT
6	AND
7	OR

Beispiel:

Ein zentrales Problem der Programmierung ist die Berechnung von Summen mit variabler Anzahl von Summanden. Den prinzipiellen Lösungsweg hierfür wollen wir am nachstehenden Problem aufzeigen.

Der Rechner kann Zufallszahlen erzeugen, die zwischen $\emptyset$ und 1 liegen. Wir wollen diese Zahlen solange aufaddieren, bis die Summe den Wert 7 übersteigt, und uns zur Kontrolle die Zahlen und ihre Summe ausgeben lassen. Da die Anzahl der Summanden nicht bekannt ist, können wir keine Additionsanweisung mit entsprechender Anzahl von „+"-Zeichen formulieren. Wir müssen stattdessen mit einer Zeile der Form

$$S = S + Z$$

nur *eine* Zufallszahl Z verarbeiten und diese Anweisung mit jeweils neuem Z so oft ausführen wie nötig. Bei dieser Technik hat S die Bedeutung „Teilsumme der bislang addierten

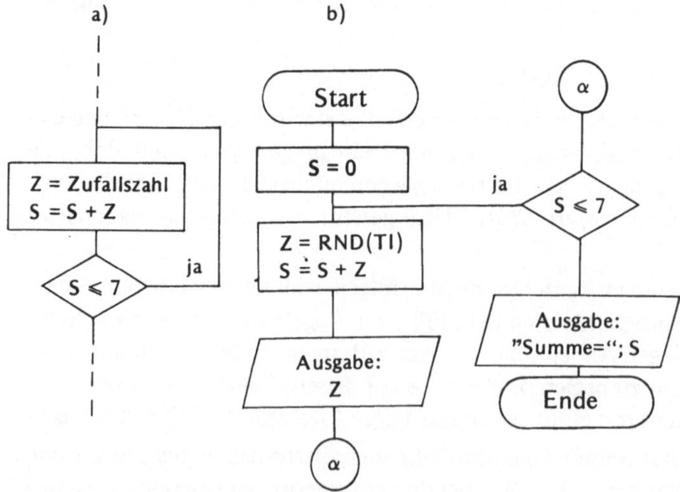

Bild 7.1 Summe von Zufallszahlen

Zahlen". Nach jedem Durchlauf ändert sich der Wert von S, so daß eine Folge von Teilsummen entsteht. Wir brechen die Berechnung ab, wenn der richtige Summenwert erreicht ist (s. Bild 7.1, Version a).

Die Summe ist natürlich nur korrekt, wenn vor der Verarbeitung der ersten Zufallszahl S den Wert $\emptyset$ hat. Außerdem sollten die Zahlen und ihre Summe ausgegeben werden, so daß sich der Plan aus Bild 7.1, Version b, ergibt. Eine Übertragung dieses Ablaufplans in ein BASIC-Programm erübrigt sich, da Sie das Programm in Übung d) schon geschrieben haben.

7.4 Aufgaben

7-1 Das Minimum a_m der Zahlen $a_1, a_2, \ldots, a_n$ ist charakterisiert durch

$$a_m \leqslant a_i, i = 1, 2, \ldots n$$

Schreiben Sie ein Programm, das aus 3 einzulesenden Zahlen das Minimum a_m bestimmt und ausgibt. Verwenden Sie keine indizierten Variablen.

7-2 Schreiben Sie ein Programm, das bei beliebiger Anzahl n das Minimum von $a_1, a_2, \ldots, a_n$ ermittelt und ausgibt. Lesen Sie als erstes die Anzahl n. Verwenden Sie keine indizierten Variablen.

7-3 In einem Lager befinden sich n verschiedene Artikel. Vom i-ten Artikel sind a_i Stück vorhanden, und der Preis für ein solches Stück ist P_i. Schreiben Sie ein Programm, das für den gesamten Lagerbestand den durchschnittlichen Stückpreis DP ermittelt. Die Formel dafür lautet

$$DP = \frac{\sum_{i=1}^{n} a_i P_i}{\sum_{i=1}^{n} a_i}$$

Bauen Sie das Programm so auf, daß die Preise (langfristig konstant) über READ/DATA-Anweisungen und die Stückzahlen (täglich veränderlich) über INPUT-Anweisungen gelesen werden. Verwenden Sie keine indizierten Variablen.

8 Benutzung des Recorders

Das Kassettenlaufwerk bietet die Möglichkeit, Programme auf gewöhnlichen Kassetten zu archivieren. Legen Sie eine leere Kassette ein und lassen Sie uns das Speichern und Laden von Programmen üben.

a) Betätigen Sie am Recorder die Rücklauftaste (REW). Während die Kassette zurückgespult wird, erstellen Sie ein einfaches Programm:

```
1Ø INPUT "BASIS, EXPONENT"; B,E
2Ø ?B↑E: GOTO 1Ø
```

b) Wenn die Kassette zurückgespult ist, lösen Sie die REW-Taste und schreiben

```
SAVE "POTENZ"
```

Daraufhin werden Sie aufgefordert, am Recorder die Tasten REC und PLAY gleichzeitig zu drücken. Tun Sie es, und beachten Sie den Bildschirm.

c) Nachdem das Speichern beendet ist (Anzeige READY) lösen Sie die Tasten REC und PLAY (mit der STOP-Taste des Recorders) und erstellen ein zweites Programm:

```
1Ø INPUT "FAKTOR 1, FAKTOR 2"; A, B
2Ø ?A*B: GOTO 1Ø
```

Speichern Sie auch dieses Programm:

```
SAVE "PRODUKT"
```

Nach Beendigung dieses Vorganges löschen wir den Programmspeicher und kontrollieren den Löscherfolg:

```
NEW
LIST
```

d) Nun spulen Sie die Kassette zurück (Taste REW am Recorder), lösen anschließend die REW-Taste und schreiben dann

```
LOAD "PRODUKT"
```

Wenn nicht nach spätestens 5 Minuten der Ladevorgang abgeschlossen ist, brechen Sie ihn ab (Tasten STOP am Rechner und STOP am Recorder). In diesem Fall wiederholen Sie den Punkt d), und falls das Laden wieder mißlingt, beginnen Sie noch einmal bei Punkt a) und halten sich genau an den vorgeschriebenen Übungsplan.

Ist das Programm geladen, überprüfen Sie den Erfolg mit

```
LIST
```

e) Jetzt soll das andere Programm geladen werden. Überlegen Sie, was dafür zu tun ist.

Sind Sie auch auf die nachstehende Aktionenfolge gekommen?
Kassette zurückspulen, REW-Taste lösen, LOAD "POTENZ" schreiben.
Wenn das Programm "POTENZ" geladen ist, lösen Sie die PLAY-Taste.

f) Schreiben Sie

    15 ? "B HOCH E =";

Dieses modifizierte Programm soll jetzt zusätzlich zu den beiden anderen gespeichert werden. Deshalb muß zunächst die Kassette bis ans Ende des Programms "PRODUKT" vorgesetzt werden. Dazu schreiben Sie

    VERIFY

Nach Aufforderung drücken Sie die PLAY-Taste und warten, bis die Meldungen

    FOUND PRODUKT
    VERIFYING
    VERIFY ERROR
    READY

erscheinen. Lösen Sie die PLAY-Taste. Versuchen Sie, in Anlehnung an die Übung c) das im Speicher befindliche Programm unter dem Namen "POT 2" auf die Kassette zu bringen.

8.1 Speichern von Programmen

Der cbm-Rechner betrachtet alle in seinem Programmspeicher stehenden Zeilen als *ein* Programm. Weil daher zu jeder Zeit nur ein Programm bekannt ist, ist ein Programmname zur Unterscheidung von Programmen nicht nötig. Auch wenn wir Programme auf Kassetten speichern, sind Namen nicht erforderlich, selbst dann nicht, wenn mehrere Programme auf einer Kassette stehen. Im Hinblick auf den effektiveren Gebrauch werden wir gespeicherte Programme jedoch grundsätzlich mit Namen versehen. Sie sollten die Namen aber möglichst kurz wählen, damit bei einer Bezugnahme der Schreibaufwand und vor allem das Fehlerrisiko klein bleiben.

Um Schwierigkeiten beim späteren Laden der Programme zu vermeiden, sollten Sie keine Namen verwenden, die komplett mit dem Anfang eines anderen Namens übereinstimmen. Z.B. sind die Namen RUND und RUNDUNG ungünstig, während UND mit jedem der anderen beiden Namen verträglich ist.

Ein **Programm** wird auf Kassette gespeichert mit SAVE "Name".

Der Name wird auf 16 Zeichen beschränkt.

Nach dem SAVE-Kommando werden Sie aufgefordert, die Tasten REC und PLAY am Recorder zu drücken. Das muß gleichzeitig erfolgen, und beide Tasten müssen einrasten. Voraussetzung für den Erfolg ist, daß bei der Eingabe des SAVE-Kommandos keine der Recorder-Tasten REW, FFWD oder PLAY eingelegt ist, weil der Rechner sonst einen falschen Betriebszustand des Recorders unterstellt. Wir wollen betonen, daß das Programm auch nach dem Speichern, dessen Abschluß durch READY angezeigt wird, im Speicher des Rechners vorhanden ist.

Wenn Sie das SAVE-Kommando gegeben und die geforderten Tasten eingelegt haben, wird die Kassette von der momentanen Position des Schreibkopfes an beschrieben. Das stört nicht, solange Sie stets pro Kassette nur ein Programm aufnehmen und die Kassette vor dem SAVE-Kommando zurückspulen. Es ist jedoch denkbar, daß Ihnen bei fleißiger Programmierung die große Anzahl von Kassetten bald lästig wird.

Wollen Sie mehrere Programme pro Kassette speichern, müssen Sie in der Lage sein, vor einem anstehenden SAVE-Kommando die Kassette bis hinter das letzte darauf befindliche Programm vorzusetzen. Dafür existiert aber kein Spezialbefehl. Man kann jedoch den gewünschten Effekt mit dem VERIFY-Kommando erreichen.

> Mit VERIFY veranlassen Sie, daß das nächste auf der Kassette gefundene und das im Rechner gespeicherte Programm auf völlige Übereinstimmung geprüft werden.
>
> Das Kommando heißt VERIFY.

Sie werden nach dem Kommando aufgefordert, die PLAY-Taste des Recorders zu drücken. Gewöhnen Sie sich an, diese nach erfolgter Prüfung wieder zu lösen; denn sonst wird Ihnen ein geplantes SAVE mißlingen.

Ob die Prüfung Übereinstimmung ergab oder nicht, in jedem Fall ist die Kassette bis hinter das Programmende vorgesetzt worden. Wenn sich auf der Kassette ein weiteres Programm anschließt, wiederholen Sie das VERIFY-Kommando und gelangen damit an das Ende dieses Programms. Auf diese Weise können Sie die Kassette bis hinter das letzte darauf befindliche Programm vorsetzen und das neue Programm dahinter abspeichern. Sie müssen allerdings bei jedem VERIFY genau wissen, ob noch ein Programm folgt; denn sonst läuft die Kassette bis zum Ende durch, und Sie können das aktuelle Programm nicht mehr speichern.

8.2 Laden von Programmen

Ein auf Kassette gespeichertes Programm können Sie in den Programmspeicher Ihres cbm-Rechners laden.

> Das **Ladekommando** heißt
> LOAD "Name" bzw. nur LOAD

Sie werden aufgefordert, am Recorder die PLAY-Taste zu drücken. Haben Sie nur LOAD gesagt, wird das erste gefundene Programm genommen. Falls Sie einen Namen angegeben haben, wird die Kassette vorwärts bis zum fraglichen Programm gelesen und dieses geladen. Der Suchprozeß wird als erfolgreich angesehen, sobald der Anfang des gespeicherten Namens und der im LOAD genannte Name identisch sind. Wenn der gespeicherte Name länger ist, werden die hinteren Zeichen ignoriert.

Oft werden Sie das soeben geladene Programm ausführen lassen wollen und deshalb mit dem RUN-Kommando fortsetzen. Für diesen Fall können Sie Ihren Schreibaufwand mitunter reduzieren, wenn Sie die RUN-Taste betätigen, die das LOAD- und RUN-Kommando zusammenfaßt.

Mit der RUN-Taste wird das erste auf der Kassette gefundene Programm geladen und
gestartet.

Natürlich werden Sie auch hier aufgefordert, die PLAY-Taste zu drücken.

8.3 Bearbeitung von Datenbeständen

Kassetten eignen sich grundsätzlich auch zur Aufnahme von Datenbeständen. Das Ausgabekommando PRINT kann so modifiziert werden, daß die Ausgabezeile nicht zum Bildschirm,
sondern zum Recorder geschickt und dort gespeichert wird. Entsprechend läßt sich auch
mit einem abgewandelten INPUT eine Datenzeile vom Recorder holen.

Bei praktischen Anwendungen geht es jedoch kaum um die Bearbeitung weniger Datenzeilen, sondern es sind größere Datenmengen zu speichern bzw. zu lesen. Dabei macht sich die
geringe Arbeitsgeschwindigkeit des Recorders störend bemerkbar. Wer die Möglichkeit hat,
sollte deshalb seine Datenbestände auf Disketten führen und diesen Abschnitt übergehen.

Wollen Sie von einem Programm zu einem Datenbestand auf einer Kassette zugreifen (lesen
oder schreiben), müssen Sie zuerst einen Übertragungskanal zwischen Rechner und Recorder einrichten.

Ein **Übertragungskanal** zum Recorder wird festgelegt mit
OPEN k, 1, s "Name"

Die Kanalnummer k muß zwischen 1 und 255 liegen.

Für die Sekundäradresse s sind zulässig
∅ Eingabedatei
1 Ausgabedatei
2 Ausgabedatei, nach Abschluß der Datei wird eine Bandendemarke (EOT) gesetzt.

Der Name wird auf 16 Zeichen beschränkt.

Beispiel:

25 OPEN 5, 1, 2, "TESTDATEN"

Die OPEN-Anweisung muß ausgeführt werden, bevor in einer PRINT- bzw. INPUT-Anweisung auf den Kanal Bezug genommen wird. Je nach Übertragungsrichtung werden Sie aufgefordert, die Tasten REC und PLAY (Ausgabekanal) oder nur PLAY (Eingabekanal) zu
drücken. Im Falle der Ausgabe wird danach sofort, ähnlich wie beim SAVE, eine Dateian-
fangs-Information auf die Kassette geschrieben, so daß Sie diese unbedingt vorher richtig
positionieren müssen. Beim Lesen wird analog zum LOAD verfahren und die Kassette vorwärts abgesucht, bis die Datei mit dem im OPEN genannten Namen gefunden wird.

Im Gegensatz zur Ausgabe auf den Bildschirm ist die Fragezeichen-Konvention hier nicht
anwendbar.

Die **Ausgabeanweisung** für den Recorder lautet
PRINT#k, Liste

Beispiel:

   50 PRINT #5, A, B$

Die im PRINT angezogene Kanalnummer k muß natürlich auf einen Ausgabekanal verweisen (im OPEN s = 1 oder s = 2). Für die Liste gelten die gleichen Regeln wie in der gewöhnlichen PRINT-Anweisung.

Am Ende eines Programmes mit Ausgabe auf den Recorder sollten Sie den Ausgabekanal ordnungsgemäß schließen.

> Ein Kanal wird geschlossen mit
> CLOSE k

Mit einem solchen CLOSE kann auch ein Eingabekanal geschlossen werden, wenn er nicht mehr benötigt wird.

Sehen wir uns nun an, wie von einer Kassette gelesen wird.

> Die **Eingabeanweisung** für den Recorder lautet
> INPUT #k, Variablenliste.

Dabei ist mit k die Nummer eines Eingabekanals (im Open s = $\emptyset$) gemeint. Die Variablenliste wird nach den gleichen Regeln aufgebaut wie bei der gewöhnlichen INPUT-Anweisung und muß vor allem genau wie dort auf die Struktur der Datensätze abgestimmt sein.

Wenn Sie vom Bildschirm eine Zeile mit mehreren Daten lesen wollen, müssen Sie die Daten durch Kommas trennen und eine INPUT-Anweisung mit entsprechend vielen Variablen ausführen (s. Kapitel 6). Auch mehrere Daten in einem Recorder-Datensatz müssen durch Kommas getrennt sein, wenn sie beim Lesen als getrennte Informationen erkannt werden sollen. Also müssen diese Kommas beim voraufgegangenen Schreiben der Datensätze mit ausgegeben werden, z.B. als String " , ".

Außerdem müssen Sie in die Datei Satztrennzeichen einsetzen, die ein späteres satzweises Lesen ermöglichen.

> Die Ausgabe von CHR$ (13) liefert ein Satztrennzeichen, das später einen Lesebefehl beendet.

8.4 Aufgaben

8-1 Im Recorder möge sich eine Kassette mit einem Programm befinden. Was müssen Sie tun, um den Namen des Programms zu erfahren?

8-2 Auf einer Kassette sollen schon die Programme AKT, ART und AST stehen. Sie wollen ein viertes Programm dahinter speichern. Welche Namen sind dafür ungeeignet?

9 Benutzung der floppy-disk

In diesem Abschnitt wollen wir den Umgang mit der floppy-disk kennenlernen. Wir unterstellen, daß das Verbindungskabel zwischen Rechner und floppy-disk installiert ist und beide Geräte eingeschaltet sind.

Bei den Übungen können Fehlerbedingungen eintreten, die die floppy-disk oder den Rechner blockieren. Halten Sie sich deshalb möglichst exakt an die vorgeschriebenen Anweisungen und beobachten Sie die Fehleranzeige der floppy-disk. Wenn diese blinkt, müssen Sie die floppy-disk aus- und wieder einschalten und alle Experimente dieses Abschnittes wiederholen. Wenn gleichzeitig der Cursor fehlt, betätigen Sie die STOP-Taste des Rechners. Falls das nicht hilft, müssen Sie auch den Rechner aus- und wieder einschalten.

Für die Experimente benötigen Sie eine unbespielte Diskette. Sie können auch eine gebrauchte Diskette benutzen, müssen aber bedenken, daß alle darauf gespeicherten Informationen zerstört werden. Legen Sie die Diskette in das Laufwerk, schließen Sie die Klappe und geben Sie die Anweisungen für die Aufbereitung der Diskette. Dabei werden gespeicherte Informationen gelöscht.

a) Schreiben Sie

```
OPEN 1, 8, 15
PRINT #1, "N: TEST,D1"
```

Wenn die rote Kontrolleuchte erloschen ist, schreiben Sie

```
PRINT #1, "I"
```

und danach

```
1Ø?"FLOPPY-TEST"
SAVE"PR1", 8
VERIFY"*", 8
```

Wenn der Rechner darauf mit

```
VERIFY ERROR
```

antwortet, müssen Sie die Übung wiederholen.

b) Nachdem das Laufwerk wieder steht, schreiben Sie

```
LOAD"$", 8
LIST
```

Kann Ihr Programm noch irgendwo im Programmspeicher stehen? Falls Sie unsicher sind, sehen Sie sich die Bedeutung des LIST-Kommandos noch einmal an.

c) Schreiben Sie jetzt

        LOAD"PR1", 8
        RUN

d) Setzen Sie fort mit

        SAVE"P", 8
        VERIFY"*", 8

    Wenn der Rechner darauf mit

        VERIFY ERROR

    antwortet, müssen Sie die Übungen zu Kapitel 9 von Anfang an wiederholen.
    Andernfalls schreiben Sie

        OPEN 1, 8, 15
        PRINT # 1, "C : R = PR1"

e) Jetzt wollen wir feststellen, was diese Kommandos bewirkt haben. Lassen Sie sich das
    Inhaltsverzeichnis der Diskette zeigen.

    Falls Sie nicht von selbst darauf gekommen sind: Sie müssen die Zeilen aus Übung b)
    schreiben.

f) Jetzt sollen die gespeicherten Programme der Reihe nach gezeigt werden:

        LOAD"PR1", 8
        LIST
        LOAD"P", 8
        LIST
        LOAD"R", 8
        LIST

    Sie sehen, daß die Programme übereinstimmen.

g) Schreiben Sie jetzt

        OPEN 1, 8, 15
        PRINT # 1, "R : Z = PR1"
        PRINT # 1, "S : P"
        LOAD"$", 8
        LIST

9.1 Allgemeine Hinweise

Auf den Disketten können, wie schon auf den Kassetten, Programme und Daten gespeichert
werden. Die beiden Speichermedien unterscheiden sich aber in ihrer Organisationsform. Auf
Disketten wird ein Inhaltsverzeichnis mit den Namen der gespeicherten Dateien (Programm-
me oder Datenbestände) geführt, wo auch die jeweilige Lage der Datei vermerkt ist. Deshalb
muß jede Diskettendatei einen Namen tragen.

Ein weiterer Unterschied zur Kassette besteht darin, daß Disketten vom Benutzer einen Namen und eine Identifikation erhalten. Bevor mit einer in ein Laufwerk eingelegten Diskette gearbeitet werden kann, muß der floppy-disk das Kommando gegeben werden, die Disketten-Identifikation zu lesen und zu speichern. Greift man danach vom Rechner her auf die Diskette zu, werden die dort befindliche und die gespeicherte Identifikation automatisch verglichen. Bei einem Unterschied werden der Zugriff unterbunden und eine Fehlerbedingung angezeigt, so daß ein gewisser Schutz gegen das Vertauschen von Disketten besteht.

Im Gegensatz zu den Kassetten bedürfen neue Disketten einer Aufbereitung (Vorbereitung des Inhaltsverzeichnisses, Aufbringung des Namens und der Identifikation), bevor sie benutzt werden können. Auch hierfür gibt man der floppy-disk ein entsprechendes Kommando. Beachten Sie, daß die floppy-disk nicht prüft, ob die Diskette unbespielt ist. Eventuell vorhandene Dateien werden bei dieser Aufbereitung (N-Kommando) zerstört.

Wollen Sie der floppy-disk eines der erwähnten oder der noch folgenden Kommandos geben, muß ein Kommandokanal eröffnet sein.

> Der **Kommandokanal** für die floppy-disk wird festgelegt durch die Anweisung
> OPEN k, 8, 15
> Die Kanalnummer k muß zwischen 1 und 255 liegen.

Beispiel:

OPEN 1, 8, 15

Die 8 ist die standardmäßig festgelegte Gerätekennzahl für die floppy-disk, während die 15 den Kanal als Kommandokanal charakterisiert. Wenn Sie dieses OPEN geben und für die gewählte Nummer schon ein Kanal eröffnet ist, antwortet der Rechner mit

FILE-OPEN-ERROR

Nachdem der Kommandokanal eröffnet ist, geben Sie die gewünschten Kommandos mit PRINT-Anweisungen, in denen Sie auf die Kanalnummer k verweisen.

> Das Kommando für die grundlegende Aufbereitung einer Diskette lautet
> PRINT # k, "N:Name, i"
> Als Disketten-Name sind max. 16 Zeichen zugelassen außer * ? = ; ,
> Die Disketten-Identifikation i besteht aus 2 Zeichen.

Beispiel:

PRINT # 1, "N:BIBLI,PB"

Wir weisen noch einmal darauf hin, daß durch dieses N-Kommando alle auf der fraglichen Diskette befindlichen Dateien zerstört werden. Überlegen Sie daher jedesmal, ob Sie wirklich das N-Kommando geben müssen, oder ob das I-Kommando angebracht ist, mit dem die vorhandene Disketten-Identifikation in die floppy-disk übernommen wird.

> Das I-Kommando hat die Form
> PRINT #k, "I"

Beispiel:

    PRINT #1, ”I“   ●

9.2 Programmarchivierung

Beim Speichern von Programmen auf einer Kassette mußten Sie dagegen vorsorgen, versehentlich ein anderes Programm zu überspeichern und damit zu zerstören. Daher mußten Sie in der Regel genau wissen, wie weit die Kassette belegt war, und sie vor dem Speichern des neuen Programmes bis dahin vorlaufen lassen. Dergleichen ist hier nicht nötig.

> Das Kommando zur **Speicherung** eines Programms auf einer Diskette lautet
> SAVE ”Name“, 8
> gefolgt von
> VERIFY”*“, 8
> Das Kommando zum Laden eines Programmes von einer Diskette lautet
> LOAD ”Name“, 8
> Als Programmname sind 16 Zeichen zugelassen außer * ? = ; ,

Das Speichern bzw. Laden gelingt, oder Sie werden durch die Fehleranzeige an der floppy-disk auf eine Fehlerbedingung hingewiesen. Wie in Abschnitt 9.5 erläutert, können Sie den Fehler erkennen und beheben und dann erfolgreich speichern bzw. laden.

Mit dem VERIFY-Kommando wird überprüft, ob das gerade auf die Diskette gebrachte Programm exakt mit dem im Speicher stehenden übereinstimmt. Die Erfahrung lehrt, daß auf diese Kontrolle nach keinem SAVE verzichtet werden darf. Falls Fehler auftreten, sollten die auf der Diskette stehende Version gelöscht und das SAVE und VERIFY wiederholt werden.

Einen Überblick über den momentanen Füllstand einer Diskette können Sie sich durch die Auflistung des Inhaltsverzeichnisses verschaffen. Dieses enthält neben den Dateinamen auch einen Hinweis, ob es sich um ein Programm (PRG) oder einen sequentiellen Datenbestand (SEQ) handelt.

> Das Inhaltsverzeichnis der im Laufwerk befindlichen Diskette wird mit
> LOAD ”S“,8
> in den Rechner übernommen und nach der READY-Meldung angezeigt mit
> LIST

Die Entwicklung eines Programmes vollzieht sich normalerweise in mehreren Schritten. Vergleichbar einer Ahnenkette entstehen im Laufe der Zeit verschiedene Programme, von denen die neueren i. a. besser sind. Sie haben von vornherein einen größeren Leistungsumfang, oder sie enthalten weniger Fehler. Wenn Sie eine überarbeitete Programmversion unter dem gleichen Namen wieder auf die Diskette auslagern wollen, gelingt das nicht mit der obigen Fassung des SAVE-Kommandos. Vielmehr müssen unmittelbar vor den Namen die beiden Zeichen @: gesetzt werden.

Beispiel:

> SAVE "@:PR1",8
> gefolgt von
> VERIFY"*",8

In dieser Form sollten Sie jedoch nur bei kleinen, weniger wichtigen Programmen vorgehen. In allen anderen Fällen ist dringend anzuraten, niemals nur die neueste Version zu speichern, sondern mindestens auch den unmittelbaren Vorgänger. Bei besonders bedeutsamen Programmen hebt man auch weitere Glieder der Ahnenkette auf.

Hier empfiehlt es sich, die Namensvergabe zu systematisieren, damit man allein anhand der Namen jüngere und ältere Programme unterscheiden kann. Das können Sie durch einen Generationenzähler erreichen, den Sie neben einem aufgabenbezogenen Teil im Namen mitführen, wie z. B. in der Kette TESTPRG 1, TESTPRG 2, TESTPRG 3 usw. Stattdessen können Sie auch die Namen beibehalten und den Inhalt der Dateien aktualisieren. Falls Sie jeweils einen Vorgänger aufheben, sind dann statt des einfachen Speicherns sinngemäß folgende Anordnungen zu geben:

> Lösche TESTPRGALT.
> Benenne TESTPRG um in TESTPRGALT.
> Speichere aktuelles Programm als TESTPRG.

Das Löschen und Umbenennen von Dateien wie auch das außerdem mögliche Kopieren erreichen Sie mit folgenden Kommandos, die Sie der floppy-disk über einen zuvor eröffneten Kommandokanal erteilen.

> Eine **Datei** wird **gelöscht** mit
> PRINT #k, "S:Name"

Beispiel:

> PRINT # 1, "S:TESTPRGALT"

> Eine Datei wird umbenannt mit
> PRINT # k, "R:Name neu = Name alt"

Beispiel:

> PRINT # 1, "R:TESTPRGALT = TESTPRG"

Danach würde der Name TESTPRG nicht mehr im Inhaltsverzeichnis geführt und dürfte im SAVE-Kommando erneut verwendet werden.

> Eine **Datei** wird **kopiert** mit
> PRINT # k, "C:Name neu = Name alt"

Beispiel:

> PRINT # 1, "C:PRG = TESTPRG"

Bei diesen Kommandos bedeutet k wieder den Kommandokanal.

9.3 Programmüberlagerung

In der Basisversion Ihres Rechners ist der für Programm und Daten verfügbare Speicherplatz relativ knapp bemessen. Dieser Platz kann durch eine (zu kaufende) Speichererweiterung beträchtlich ausgedehnt werden, aber selbst dann kann der Bedarf Ihrer Programme das Platzangebot übersteigen. Der Ausweg aus diesem Dilemma liegt in einer Gliederung des gesamten Programms in solche Teile, die einzeln zusammen mit allen Daten in den Speicher passen. Die Teilprogramme werden auf einer Diskette gespeichert und nach Bedarf von dem jeweils im Arbeitsspeicher befindlichen Teilprogramm durch ein programmiertes LOAD-Kommando nachgeladen. Ein auf diese Weise geladenes Programm wird unter Beibehaltung aller Daten automatisch gestartet.

Wer diese Technik nutzen will, sollte wissen, daß der BASIC-Interpreter den Datenbereich normalerweise unmittelbar hinter dem Programm beginnen läßt. Der aktuelle Anfang wird intern vermerkt. Wenn diese Adresse so hoch steht, daß davor jedes Teilprogramm untergebracht werden kann, dürfen die Teile in beliebiger Folge geladen werden.

Um dieses sicherzustellen, werden die Teilprogramme einzeln geladen und die betreffende Adresse mit

    PRINT PEEK (45); PEEK (46)

abgefragt (s. Abschnitt 12.4). In einem zusätzlichen Vorlaufprogramm schreibt man die maximale Adresse auf drei Adreßzeiger des Interpreters und lädt dann von hier das erste „echte" Teilprogramm. Das Vorprogramm lautet

```
1Ø POKE 45,k
2Ø POKE 47,k
3Ø POKE 49,k
4Ø POKE 46,h
5Ø POKE 48,h
6Ø POKE 5Ø,h
7Ø LOAD"ANF. PROG", 8
```

Hier repräsentieren k und h zwei Konstanten, aus denen sich die Dezimaldarstellung der Adresse durch

    $k + 256*h$

berechnen läßt.

9.4 Sequentielle Dateien

Hier erörtern wir den Umgang mit Datenbeständen, deren Datensätze nur der Reihe nach verarbeitet werden. Zur Erstellung einer solchen Datei benutzt man PRINT-Anweisungen, die sich von der gewöhnlichen durch den Verweis auf einen Ausgabekanal unterscheiden.

    Ein **Ausgabekanal** für die floppy-disk wird eröffnet mit
    OPEN k, 8, s, "Name, SEQ, WRITE"
    Die Kanalnummer muß zwischen 1 und 255 liegen.

> Als Sekundäradresse s ist eine Zahl zwischen 2 und 14 erlaubt.
>
> Vor den Namen darf ein @: gesetzt werden.
>
> Der Name der Datei darf bis zu 16 Zeichen enthalten außer * ? = ; ,

Beispiel:

    10 OPEN, 4, 8, 4, "@:TESTDATEN, SEQ, WRITE"

Wenn im OPEN für einen Ausgabekanal kein @ vor den Namen gesetzt ist, darf auf der angesprochenen Diskette noch keine Datei mit dem benutzten Namen stehen. Wird hingegen das @ eingefügt, wird eine eventuell vorhandene Datei gleichen Namens vom laufenden Programm überschrieben. Wenn das gewünscht ist, können Sie also auf ein vorhergehendes Löschen (s. Abschnitte 9.2) der alten Datei verzichten.

Die floppy-disk ist auch in der Lage, hinter dem letzten Satz einer existierenden Datei weitere Sätze zu ergänzen. Dazu muß die Datei im APPEND- statt im WRITE-Modus eröffnet werden.

> Soll eine Datei fortgeschrieben werden, muß sie mit einem OPEN der folgenden Form eröffnet werden.
> OPEN k, 8, s, "Name, SEQ, APPEND"

Die Sekundäradresse s wird für die interne Abwicklung in der floppy-disk benötigt. Wenn Sie mehrere Kanäle für verschiedene Dateien gleichzeitig offen halten wollen, müssen nicht nur die Kanalnummern, sondern auch die Sekundäradressen eindeutig sein. Da die floppy-disk ohnehin nur maximal 6 Kanäle (einschließlich des Kommandokanals) gleichzeitig bedienen kann, wird geraten, bei den Datenkanälen wie im obigen Beispiel zu verfahren, und für k und s den gleichen Wert zu wählen.

Für die Ausgabe von Datensätzen auf eine Diskette wird eine Variante der PRINT-Anweisung benutzt, wobei die Fragezeichen-Konvention nicht gestattet ist.

> Die **Ausgabeanweisung** für die floppy-disk lautet
> PRINT #k, Liste
> worin k die Nummer eines zuvor eröffneten floppy-Ausgabekanals ist.

Die Liste wird nach den gleichen Regeln aufgebaut wie bei der gewöhnlichen PRINT-Anweisung. Auch die Wirkung der Listentrennzeichen Komma und Semikolon ist unverändert. Sollen Teile eines Datensatzes später als getrennte Daten gelesen werden, müssen im Datensatz an den entsprechenden Stellen Kommas gespeichert sein. Sie sollten daher geeignete Strings (" , ") in die PRINT-Liste einfügen. Außerdem müssen Sie dafür sorgen, daß in die Datei Satztrennzeichen gesetzt werden, die ein späteres, satzweises Lesen ermöglichen.

> Die Ausgabe von CHR$(13) auf eine Disketten-Datei liefert ein **Satztrennzeichen**, das später einen Lesebefehl beendet.

Beispiel:

    33 PRINT #4, X;" , ";Y;CHR$(13);Z;CHR$(13);

Um die mit dieser Anweisung ausgegebenen Zahlen zu gegebener Zeit wieder lesen zu können, muß zuerst ein Lesebefehl mit 2 Variablen ausgeführt werden, der die alten Werte von X und Y holt, und danach einer mit einer Variablen, der den alten Wert von Z liest.

Die Ausgabe von Daten auf eine Diskette ist nur sinnvoll, wenn man diese Daten auch wieder lesen kann. Dafür ist aber *unverzichtbare* Voraussetzung, daß das Programm, das die Ausgabedatei erstellt, diese auch ordnungsgemäß abschließt. Erst zu diesem Zeitpunkt erfolgen die Eintragungen in das Inhaltsverzeichnis der Diskette, die für das spätere, erfolgreiche Lesen der Daten notwendig sind.

> Eine Disketten-Ausgabedatei muß abgeschlossen werden mit
> CLOSE k

Beispiel:

> 95 CLOSE 4

Nachdem eine sequentielle Disketten-Datei geschlossen ist, kann sie vom gleichen oder einem anderen Programm gelesen werden. Voraussetzung ist, daß zunächst ein Eingabekanal eröffnet wird.

> Ein Eingabekanal für die floppy-disk wird eröffnet mit
> OPEN k, 8, s, "Name, SEQ, READ"
> Für k und s gelten die beim Ausgabe-OPEN aufgeführten Regeln.

Beispiel:

> 100 OPEN 5, 8, 5, "TESTDATEN, SEQ, READ"

Das Lesen von Disketten-Datensätzen erfolgt mit einer modifizierten INPUT-Anweisung.

> Die **Eingabeanweisung** für die floppy-disk lautet
> INPUT#k, Variablenliste
> Darin ist k die Nummer eines zuvor eröffneten floppy-Eingabekanals.

Beispiel:

> 110 INPUT # 5,A,B

Dateien werden über ihren Namen identifiziert. Vorausgesetzt, die Diskette wurde inzwischen nicht gewechselt, würde mit diesem Lesebefehl der erste Satz der in den obigen Beispielen angelegten Datei gelesen, d.h. der seinerzeitige Wert von X stünde jetzt bei A und der von Y bei B.

Auch ein Eingabekanal darf mit CLOSE k geschlossen werden, wenn er nicht mehr benötigt wird. Erforderlich ist das jedoch nicht, es sei denn, die Zahl offener Kanäle wird zu groß.

9.5 Fehlerbehandlung

Bei den Übungen zu diesem Kapitel haben wir auf die Radikalkur zur Überwindung von Fehlerbedingungen in der floppy-disk hingewiesen: das Aus- und Einschalten der gesamten Anlage. Dieses Vorgehen hat jedoch Konsequenzen, die oft nicht akzeptabel sind: Das aktuelle Programm wird zerstört, die Fehlerursache kann nicht erkannt werden, und Datenbestände können verlorengehen.

Ein besserer Weg ist, vom cbm-Rechner her die Fehlerbedingung abzufragen. Nach dieser Abfrage wird die Fehleranzeige der floppy-disk gelöscht und Sie erhalten Gelegenheit, Ihr Programm ordnungsgemäß abzuschließen (CLOSE für Ausgabedateien geben!) oder gar den Lauf fortzusetzen. Voraussetzung ist, daß Ihr Programm eine entsprechende Routine enthält, damit Sie die Fehlerabfrage ohne Programmänderung bewerkstelligen können.

In Abschnitt 9.1 haben wir gesehen, wie mit Hilfe eines Kommandokanals und darauf abgestimmten PRINT#-Anweisungen an die floppy-disk Kommandos übergeben werden. Über den gleichen Weg, aber in umgekehrter Richtung, d.h. mit INPUT# statt PRINT#, kann die Fehlerinformation von der floppy-disk in den Rechner geholt werden. Sie sollten daher folgendes Programmstück aufnehmen, wobei Sie natürlich andere Zeilennummern, eine andere Kanalnummer oder andere Variablen benutzen dürften:

```
60001 OPEN 1,8,15
60002 INPUT#1,Q$,W$,E$,R$
60003 PRINT "FEHLERMELDUNG"
60004 PRINT Q$,W$,E$,R$
60005 CLOSE 1
60006 STOP
```

Wenn jetzt die Fehleranzeige der floppy-disk aufleuchtet, können Sie die Kontrolle übernehmen (STOP-Taste) und nach der READY-Meldung das Kommando

```
GOTO 60001
```

geben. Die aufgeführten Befehle bringen die 4teilige Fehlermeldung, gefolgt von BREAK IN 60006, auf den Bildschirm. Anhand dieser Meldung können Sie jetzt über den Abbruch des Programms oder die Fortsetzung an geeigneter Stelle entscheiden. Falls Ausgabedateien eröffnet sind, sollten Sie mindestens die zugehörigen CLOSE-Anweisungen ausführen lassen.

9.6 Aufgaben

9-1   Vor dem Arbeiten mit Disketten wird häufig ein Kommandokanal eröffnet, z.B.
       OPEN 1, 8, 15. Was bedeuten die 3 Zahlen?

9-2   Wozu dient der Diskettenname?

9-3   Wie können Sie sich das Inhaltsverzeichnis einer Diskette anzeigen lassen? Wie sieht
       der Inhalt des Programmspeichers unmittelbar danach aus? Was müssen Sie beachten,
       wenn Sie jetzt ein neues Programm entwickeln wollen?

9-4   Was bewirkt das Kommando
       PRINT #1, "N:3, 4"

9-5   Schreiben Sie ein Programm, das die ersten 3 Sätze einer floppy-Datei liest. Der erste
       Satz soll eine, der zweite zwei und der dritte Satz drei Zahlen enthalten. Erstellen Sie
       für den Programmtest folgende Datei: 1 im 1. Satz. 2 und 3 im 2. Satz. 4,5 und 6 im
       3. Satz.

10 Benutzung des Druckers

Mancher Benutzer wird es begrüßen, wenn seine Programme nicht nur auf einer Diskette oder Kassette gespeichert sind, sondern er auch eine Auflistung des Programms erhält. Je nach Aufgabenstellung kann es auch sinnvoll sein, die Ausgabe eines Programms auf Papier zu drucken, statt sie nur auf dem Bildschirm zu zeigen. Deshalb wollen wir in diesem Kapitel die grundlegenden Möglichkeiten des Druckers ansprechen. Wer die weitergehenden Darstellungsvarianten nutzen möchte, findet die notwendigen Erläuterungen im Bedienungshandbuch.

a) Schalten Sie Rechner und Drucker ein (Papier nicht vergessen!) und schreiben Sie

```
2∅ T1$ = "RADIUS =":T2$ = "CM"
3∅ T3$ = "= > A =":T4$ = "QCM"
4∅ INPUT "RADIUS";R
5∅ PRINT T1$;R;T2$, T3$;π∗R∗R;T4$
6∅ ?:? "NOCHMAL (= J), ENDE (= E)?"
7∅ GET W$:IF W$ = " "THEN 70
8∅ IF W$ = "J" THEN 4∅
9∅ IF WS <> "E" THEN 7∅
RUN
```

Lassen Sie das Programm zwei- bis fünfmal durchlaufen.
Ergänzen Sie

```
#5
```

in Zeile 5∅ unmittelbar hinter PRINT und schreiben Sie

```
1∅ OPEN 5, 4, ∅
1∅∅ CLOSE 5
```

Lassen Sie das Programm mit den obigen Daten erneut laufen und vergleichen Sie die Ausgabezeilen.

b) Ergänzen Sie in Zeile 5∅

```
,CHR$(13)
```

und lassen Sie auch diese Programmvariante einige Male laufen.

c) Schreiben Sie jetzt

```
OPEN 7, 4:CMD 7
LIST
```

und nachdem das Drucken beendet ist

```
PRINT # 7:CLOSE 7
```

10.1 Auflistung von Programmen

Im Abschnitt 4.3 haben wir die Varianten des LIST-Kommandos erörtert, mit denen Teile eines Programms oder ein ganzes Programm auf dem Bildschirm angezeigt werden können. Wie Sie in Übung c) gesehen haben, können LIST-Kommandos so umdirigiert werden, daß die Programmzeilen auf dem Drucker angezeigt werden.

> Die Ausgabe eines LIST-Kommandos wird auf den Drucker gelegt durch
> OPEN k, 4:CMDk
> Darin ist für k eine Zahl zwischen 1 und 255 einzusetzen.
> Die Wirkung dieses Kommandopaares wird aufgehoben durch
> PRINT # k:CLOSE k

Das OPEN-Kommando kennen Sie bereits aus den beiden vorangegangenen Kapiteln. Es wird immer dann gegeben, wenn ein Übertragungskanal zwischen dem Rechner und einem Peripheriegerät eröffnet werden soll. Welches Gerät gemeint ist, wird durch den zweiten Parameter gesagt, hier die 4, die Gerätenummer des Druckers. Durch den Verweis auf den Drucker-Kanal im CMD-Kommando erfolgt das Umlegen der LIST-Ausgabe. Mit den nachfolgenden LIST-Kommandos werden die Programmzeilen solange gedruckt, bis die Wirkung von CMDk durch PRINT # k neutralisiert und der Kanal durch CLOSE k geschlossen wird.

10.2 Ausgabe auf den Drucker

Wie bei den anderen Peripheriegeräten muß auch hier ein Ausgabekanal eröffnet sein, ehe die entsprechenden PRINT#-Anweisungen ausgeführt werden dürfen.

> Ein **Ausgabekanal** vom Rechner zum Drucker wird festgelegt mit
> OPEN k, 4, s
> Die Kanalnummer k muß zwischen 1 und 255 liegen.
> Für die Sekundäradresse s sind zulässig:
> $\emptyset$ CURSOR UP Modus (normaler Ausdruck)
> 7 CURSOR DOWN Modus (Kleinschreibung)

Beispiel:

> 2$\emptyset$ OPEN 5, 4, 7

> Die **Ausgabeanweisung** für den Drucker lautet
> PRINT#k, Liste
> worin k die Nummer eines zuvor eröffneten Drucker-Ausgabekanals ist.

Beispiel:

> 4$\emptyset$ PRINT #5, X, "DM"

Die Liste wird nach den gleichen Regeln aufgebaut wie bei der gewöhnlichen PRINT-Anweisung. Wie die Übung a) gezeigt hat, sind auch die Ausgabezeilen für Bildschirm und Drucker völlig gleich, wenn ein Ausgabekanal mit Sekundäradresse $\emptyset$ benutzt wird. (Bei fehlender

Sekundäradresse wird hier $\emptyset$ angenommen.) Für diese Ausgabeform gilt grundsätzlich alles, was in Kapitel 5 über die Ausgabe gesagt wurde.

Wer aufwendige Druckerausgaben programmiert und im gleichen Programm noch andere Peripheriegeräte anspricht, läuft Gefahr, die Maximalzahl von $1\emptyset$ gleichzeitig geöffneten Kanälen zu überschreiten. Außerdem empfiehlt sich in jedem Fall das Schließen des Drukker-Ausgabekanals, weil sonst am Programmende unter Umständen der letzte Teil der Ausgabe im Rechner hängenbleibt. Das liegt daran, daß die Ausgabe normalerweise mit Hilfe eines Pufferspeichers abgewickelt wird. Dieser wird nicht nach jeder PRINT-Anweisung zum Drucker übertragen, wohl aber beim Schließen des Ausgabekanals.

Der Übertragungskanal k wird geschlossen mit
CLOSE k

10.3 Aufgaben

10-1 Wenn Sie in ein Programm mit Bildschirmausgabe an den Anfang ein OPEN k, 4 für unformatierte Druckerausgabe und hinter jedes PRINT den Verweis auf den Ausgabekanal (#k,) setzen, erscheint die Ausgabe unverändert auf dem Drucker. Entsprechendes gilt für den Übergang von unformatierter Drucker- auf die Bildschirmausgabe.

Ist diese Aussage wirklich uneingeschränkt richtig, oder sind gewisse Teile der Ausgabe nicht übertragbar?

10-2 Schreiben Sie ein Programm, das in 2 nebeneinanderliegenden Kolonnen Zahlen X und deren Quadrat ausgibt.

Zwischen den Kolonnen sollen mindestens 3 Stellen frei bleiben. Die Kolonnen sollen X bzw. $X\uparrow2$ als Überschrift erhalten. Lassen Sie das Programm mit ca. 10 teils positiven und teils negativen X-Werten laufen.

10-3 Lassen Sie das Programm zu Aufgabe 10-2 (oder ein anderes) ausdrucken.

11 Schleifen

Programmteile, die mehrfach durchlaufen werden, lassen sich mit einer bedingten Sprunganweisung programmieren. In vielen Fällen kann stattdessen die spezielle Schleifenanweisung benutzt werden, die wir uns jetzt ansehen wollen.

a) Schreiben Sie folgendes Programm und notieren Sie die Ergebnisse des Programmlaufs.

```
1Ø K = 2.5
2Ø ?K
5Ø K = K + 1.5:IF K < = 7.5 THEN 2Ø
6Ø ?"ENDE"
```

b) Ändern Sie die folgenden Zeilen.

```
1Ø FOR K = 2.5 TO 7.5 STEP 1.5
5Ø NEXT
```

Lassen Sie das geänderte Programm laufen, und vergleichen Sie die Ergebnisse mit denen aus Übung a).

c) Löschen Sie in Zeile 1Ø die Zeichen

```
STEP 1.5
```

Sehen Sie sich an, welchen Einfluß das auf die Leistung des Programms hat.

11.1 Schleifen im Ablaufplan

Bei der Einführung des GOTO-Kommandos haben wir erwähnt, daß es bei einigen Klassen von Programmen sinnvoll ist, vom Ende des Programms wieder an seinen Anfang zu springen. Derartige Schleifen werden hier nicht erörtert. Jetzt geht es darum, einen echten Teil eines Programms mehrfach in Serie zu durchlaufen, d.h. dieses Stück als **Schleife** zu formulieren, und dann in einen anderen Programmteil einzusteigen.

Bild 11.1 zeigt die Darstellung von Schleifen in Ablaufplänen. Der Planausschnitt a stammt aus dem Beispiel des Abschnitts 7.3, den Ausschnitt b finden Sie in Übung a) wieder. Beiden gemeinsam ist, daß die Schleifensteuerung über eine Variable (S bzw. K) erfolgt, deren Wert in der Schleife systematisch verändert wird. Vor der Schleife erhält diese Variable einen Startwert. Am Ende der Schleife wird durch einen Vergleich mit einem Schwellenwert entschieden, ob ein weiterer Durchlauf erfolgen soll.

Der wesentliche Unterschied liegt in der Art, wie die zur Steuerung benutzte Variable verändert wird. Im Fall a werden unterschiedliche, im Fall b gleiche Summanden addiert. Nur

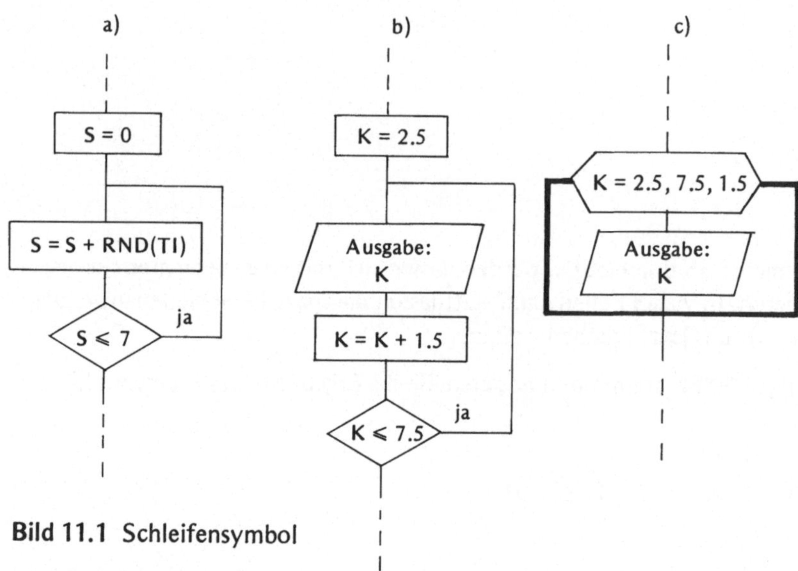

Bild 11.1 Schleifensymbol

für Schleifen der zweiten Art läßt sich die BASIC-Schleifenanweisung verwenden. Da in einem detaillierten Ablaufplan genau festgelegt wird, welche ausführbaren Anweisungen programmiert werden sollen, ist ein Schleifensymbol erforderlich. Wir umschließen die Schleife mit einem stärker gezeichneten Rechteck, in dessen oberen Rand ein flach gestrecktes Sechseck für die Aufnahme der Laufliste gesetzt wird. Dieses recht anschauliche Schleifensymbol wird von zahlreichen EDV-Anwendern benutzt. Es ist mit der DIN 66001, die kein Schleifensymbol kennt, verträglich, während die anderen, in diesem Buch verwendeten Symbole der genannten Norm entstammen. Wie die Schleife aus Fall b mit Hilfe der Schleifensymbolik dargestellt wird, sehen Sie in Bild 11.1, Fall c.

In dem Rahmen, der die Schleife umschließt, sind alle Ablaufplansymbole erlaubt, also dürfen dort insbesondere auch Schleifen auftreten. Beachten Sie, daß die äußere Schleife die innere dabei vollständig umfaßt. Eine nur teilweise Überschneidung von Schleifensymbolen ist unzulässig. Welchen Bedingungen die Laufliste genügen muß, finden Sie im nächsten Abschnitt.

11.2 Schleifenanweisung

Im Ablaufplan werden die Symbole durch einen Rahmen eingegrenzt, die den Inhalt einer Schleife bilden. Eine entsprechende Begrenzung muß auch im Programm vorgenommen werden.

> Der Schleifenanfang wird festgelegt mit
> FOR k = ka TO ke STEP ks
>
> Das Schleifenende wird markiert durch
> NEXT oder NEXT k

> Für k ist eine Variable einzusetzen.
>
> Für ka, ke und ks sind arithmetische Ausdrücke erlaubt.
>
> Wenn mit der Schrittweite 1 gearbeitet werden soll, darf die Angabe STEP ks entfallen.

Der BASIC-Interpreter versteht das Kennwort FOR als Anfang einer Schleife und erwartet dahinter die Laufliste. Außerdem muß zu jeder FOR-Anweisung später eine NEXT-Anweisung auftreten. Ein dadurch eingegrenzter Schleifenbereich wird zunächst einmal durchlaufen, wobei die **Laufvariable** k ihren **Anfangswert** ka trägt. Sodann wird die Laufvariable bei positiver (negativer) **Schrittweite** ks erhöht (verringert): k = k + ks. Falls der neue Wert der Laufvariablen noch nicht größer (kleiner) als der **Endwert** ke ist, wird die Schleife erneut durchlaufen. Dieses Wechselspiel von Änderung der Laufvariablen und erneutem Schleifendurchlauf wiederholt sich solange, bis der Endwert überschritten (unterschritten) würde. Einen Punkt wollen wir noch einmal betonen:

> Eine Schleife wird mindestens einmal durchlaufen.

Innerhalb einer Schleife dürfen beliebige Anweisungen auftreten, z.B. wiederum Schleifen, die dann aber vollständig ineinandergeschachtelt sein müssen. Im Falle von 2 Schleifen sieht der BASIC-Interpreter das erste NEXT als Ende der inneren und das zweite als Ende der äußeren Schleife an. Damit ist für ihn die **Schachtelung** korrekt. Falls Sie das Ende in der Form NEXT k programmieren, müssen Sie darauf achten, daß zunächst die innere und dann die äußere Schleife geschlossen wird. Dieses gilt analog, wenn mehr als 2 Schleifen ineinander liegen.

Besondere Sorgfalt ist angebracht, wenn Schleifen und Sprünge zusammentreffen. Verboten ist, in eine Schleife hineinzuspringen. Von außen dürfen Sie nur über die FOR-Anweisung kommen, die Sie auch anspringen dürfen. Soll ein Schleifendurchlauf abgebrochen bzw. zum nächsten Wert der Laufvariablen übergegangen werden, muß das Schleifenende angesprungen (erreicht) werden. Darüber hinaus darf ein Schleifenbereich über einen Sprung verlassen werden.

Falls der Sprung aus einer inneren in eine äußere Schleife führt, müssen die Schleifenenden in der Form NEXT k codiert werden, weil der Interpreter andernfalls die Enden falsch zuordnet. Nach Möglichkeit sollte man solche Sprünge vermeiden. Ein Beispiel am Schluß des nächsten Abschnitts zeigt, wie Sie mitunter auf Sprünge verzichten können.

11.3 Indizierte Variablen

Diesen Abschnitt wollen wir mit der Erörterung eines kleinen Beispiels beginnen.

Problem: Es sollen N Preise P_i gelesen und ihre Summe S berechnet werden. Falls S oberhalb 1000 liegt, sollen alle Einzelpreise und die Summe, andernfalls soll nur die Summe ausgegeben werden. Externe Speicher dürfen nicht verwendet werden.

Falls es nur auf die Berechnung und Ausgabe der Summe S angekommen wäre, hätte man nach dem Ablaufplan a aus Bild 11.2 arbeiten können. In der zentralen Verarbeitungsschleife wird jeweils ein Preis P gelesen und in die Summe S einbezogen. Beim nächsten

Durchlauf wird wieder ein Preis gelesen und ebenfalls auf der Variablen P gespeichert. Dabei wird der alte Wert von P zerstört. Das könnte man in Kauf nehmen, vielmehr wäre es sogar sinnvoll, wenn es nur auf S ankäme.

Um unser Problem zu lösen, dürfen wir die Einzelpreise nicht durch ständiges Überspeichern vergessen. Wir müssen sie mindestens solange alle separat speichern, bis die Gesamtsumme bekannt ist. Folglich müssen wir beim Lesen der Preise lauter verschiedene Speicherplatzbezeichnungen benutzen. Doch wie sollen wir das formulieren, zumal die Anzahl der Preise variabel ist?

Mit unserem derzeitigen Kenntnisstand ist das Problem nicht zu lösen. Wir brauchen eine Speicherzugriffstechnik, bei der die Speicherplatzbezeichnungen vom Programm generiert werden und nicht als Variablennamen starr festgeschrieben sind. Diese Anforderungen lassen sich mit indizierten Variablen befriedigen.

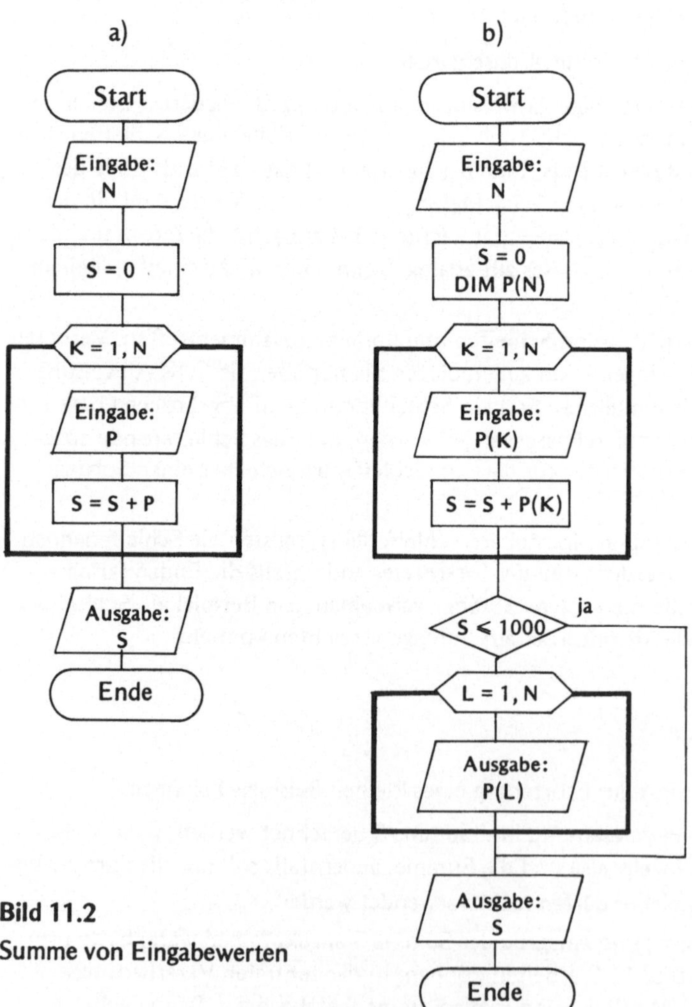

Bild 11.2
Summe von Eingabewerten

> Die Bezeichnung einer **indizierten Variablen** umfaßt einen Namen und eine Indexliste:
> Name (Indexliste)
>
> Der Name wird nach den Regeln für Variablennamen geschrieben.
>
> In der Indexliste stehen einer oder mehrere durch Kommas getrennte Indizes.
>
> Jeder **Index** darf als arithmetischer Ausdruck geschrieben werden.
>
> Der Wert eines Index darf nicht negativ sein, der echt gebrochene Anteil wird ignoriert.

Alle indizierten Variablen mit gleichem Namen bilden einen sog. **Array**. Wenn in der Indexliste jeweils nur ein Index steht, nennt man den Array auch einen Vektor, wenn stets ein Indexpaar auftritt, spricht man von einer Matrix. Das einzelne Element eines Arrays kann eine Zahl (einen String) aufnehmen und genauso verwendet werden wie eine gewöhnliche (String-) Variable. Der Vorteil der indizierten Variablen liegt in der Möglichkeit, während der Programmausführung den Index zu ändern, so daß ein und derselbe Befehl in einem Lauf mit verschiedenen Speicherplätzen arbeiten kann.

Beispiele von indizierten Variablen:

$A(3) \mid AB(5, K, X + 1) \mid AB\$(A(2), 7) \mid A\%(2, A)$

Bemerkenswert ist, daß die hier aufgeführten Arraynamen im selben Programm auftreten dürfen, sie vertragen sich auch mit Variablen gleichen Namens, z.B. A, A % oder AB$. Bei gleichen Arraynamen dürfen aber keine Indexlisten verschiedener Struktur benutzt werden, so daß z.B. A(3) und A(4, 5) unverträglich sind.

Lassen Sie uns nun in der Erörterung des am Anfang dieses Abschnittes gestellten Problems fortfahren! Als Schwachstelle hatten wir bereits das Lesen der Preise erkannt. Dort werden wir jetzt eine einfach indizierte Variable verwenden und dafür sorgen, daß sich bei jedem Schleiferdurchlauf ein anderer Index ergibt. Das gelingt besonders einfach, wenn wir als Index die Laufvariable nehmen. So erhalten wir schließlich den Plan b aus Bild 11.2.

Mancher Leser wird bei der Ausgabeschleife in diesem Ablaufplan Bedenken haben, ob die Zahlen, die wir auf $P(K)$ gelesen haben, mit $P(L)$ wiedergefunden werden. Machen Sie sich bitte klar, was wir über den Index gesagt haben. Er wird als arithmetischer Ausdruck angesehen, dessen Wert zu ermitteln ist. Der ganzzahlige Teil dieses Wertes dient als tatsächlicher Index. Entscheidend ist daher, daß die Indizes in der Lese- und der Ausgabeschleife die gleiche Zahlenmenge durchlaufen. Ob wir dabei als Index verschiedene Variablen benutzen oder nicht, ist unwichtig.

Wir müssen noch auf die **Speicherung indizierter Variabler** eingehen und können an Bemerkungen aus Kapitel 5 anknüpfen. Dort hatten wir schon gesagt, daß die Variablen in einem bestimmten Speicherbereich angelegt werden. Wenn der BASIC-Interpreter in einer Anweisung einen Variablennamen findet, sieht er in einer Tabelle nach, wo der zugehörige Speicherplatz anfängt. Steht der Name nicht in der Tabelle, wird er ergänzt und ihm eine Platzadresse zugeordnet. Entsprechend verfährt der Interpreter, wenn er auf einen Arraynamen stößt. Allerdings bedarf es hier grundsätzlich einer Absprache darüber, wieviel Speicherplatz dem Array zugeordnet wird. Sie können auf individuelle Vereinbarungen verzichten, wenn Sie die **Standarddimensionierung** übernehmen wollen.

Wenn der BASIC-Interpreter auf eine indizierte Variable aus einem Array trifft, der noch nicht angelegt ist, legt er ihn so an, daß er die Anzahl der Dimensionen aus der aktuellen Indexliste und für jede Dimension als maximalen Index $1\emptyset$ nimmt.

Falls Sie den Indexbereich $[\emptyset, 1\emptyset]$ nie verlassen und damit insbesondere bei mehrfach indizierten Arrays keine große Platzverschwendung verbunden ist, sollten Sie die Standarddimensionierung nutzen. Andernfalls müssen Sie vor der ersten Verwendung den Array individuell anlegen lassen.

Arrays werden angelegt mit

DIM Name (Liste maximaler Indexwerte)

In der Liste wird für jede Dimension der maximale Index in Form eines arithmetischen Ausdrucks festgelegt. Bei 2 oder mehr Dimensionen werden die Angaben durch Kommas getrennt.

Beispiel für Sprünge bei geschachtelten Schleifen.

Wir wollen ein Programmstück erörtern, mit dem die Verteilung von Zufallszahlen auf vorgegebene Intervalle erfaßt wird. Folgende Werte seien bekannt, Arrays seien ausreichend dimensioniert:

M Anzahl der Zahlen

N Anzahl der Grenzen

$X(1) < X(2) < ... < X(N)$ Grenzen

Mit RND(TI) (s. Kapitel 12) können Zufallszahlen erzeugt werden, und für jede soll das Intervall $(X_{i-1}, X_i]$ ermittelt werden, in dem die Zahl liegt.

Bild 11.3 zeigt Ihnen einen Lösungsvorschlag. In der inneren Schleife wird das Intervall gesucht. Ist es gefunden, kann der Eintrag erfolgen und zur nächsten Zufallszahl übergegangen, d.h. die äußere Schleife erneut durchlaufen werden. Falls Sie hier die Schleifenenden nur als NEXT codieren, läuft das Programm falsch; denn nach dem ersten Sprung von Zeile $13\emptyset$ nach Zeile $16\emptyset$ werden keine weiteren Zufallszahlen generiert.

Bild 11.4 zeigt eine Alternativlösung, die ohne Sprünge auskommt. Nachdem das Intervall gefunden und der Eintrag erfolgt ist, wird die Laufvariable der inneren Schleife auf ihren Endwert gesetzt. Deshalb wird diese Schleife anschließend verlassen und die äußere erneut durchlaufen.   ●

11.4 Aufgaben

11-1 Schreiben Sie ein Programm, das n liest und n! (sprich: n Fakultät) berechnet. Es ist n! = 1*2*3 ... *n.

11-2 Schreiben Sie ein Programm, das m und n liest (n positiv, ganzzahlig) und $\binom{m}{n}$ (sprich: m über n) berechnet.

Es ist $\binom{m}{n} = \dfrac{m*(m-1) ... *(m+1-n)}{1*2 ... *n}$

Anm.: $\binom{49}{6}$ ist die Anzahl verschiedener Lottoreihen.

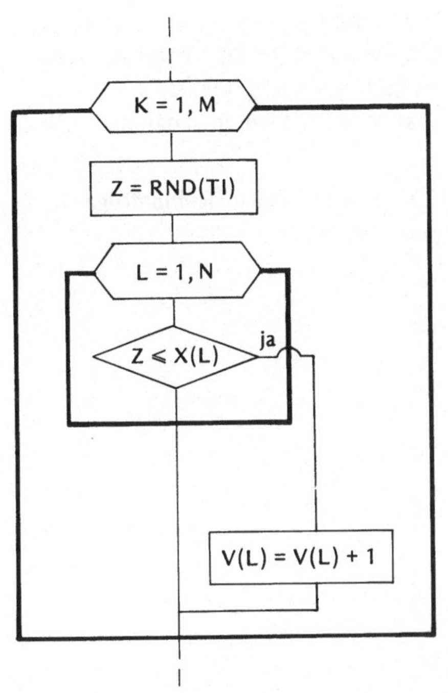

100 FOR K = 1 TO M

110 Z = RND(TI)

120 FOR L = 1 TO N

130 IF Z < = X(L) THEN 160

140 NEXT L

150 GOTO 170

160 V(L) = V(L) + 1

170 NEXT K

Bild 11.3 Verteilung von Zufallszahlen, 1. Version

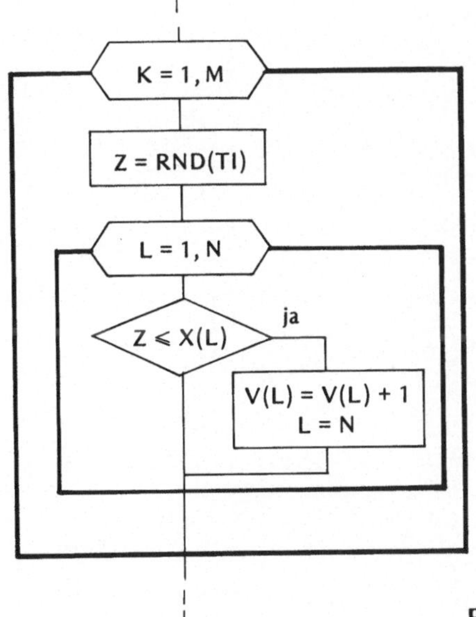

100 FOR K = 1 TO M

110 Z = RND(TI)

120 FOR L = 1 TO N

130 IF Z < = X(L) THEN V(L) = V(L) + 1:L = N

140 NEXT

150 NEXT

Bild 11.4 Verteilung von Zufallszahlen, 2. Version

11-3 In Bild 11.1, Teil b und c, sind für positive Schrittweite eine explizite und eine
      FOR ... NEXT-Schleife gegenübergestellt. Geben Sie mit Hilfe der Vorzeichenfunk-
      tion SGN (s. Abschnitt 12.3) eine BASIC-Formulierung der allgemeinen expliziten
      Schleife, die sowohl für positive als auch für negative Schrittweiten genau der FOR ...
      ... NEXT-Schleife entspricht.

11-4 Schreiben Sie ein Programm, das n Punkte der (X, Y)-Ebene liest (Reihenfolge: n, X_1,
      Y_1, X_2, Y_2, ... , X_n, Y_n), und nach X aufsteigend sortiert.

12 Unterprogramme

Wenn Sie mit der Programmierung einer größeren Aufgabe konfrontiert sind, sollten Sie frühzeitig darangehen, die gestellte Aufgabe in Teilaufgaben zu gliedern. Dabei werden Sie oft erleben, daß an verschiedenen Stellen des Gesamtablaufs die gleichen Teilprobleme auftreten. Das legt die Frage nahe, ob es möglich ist, ein solches wiederkehrendes Teilproblem in dem zu erstellenden Programm nur einmal abzuhandeln und das betreffende Programmstück mehrfach zu nutzen. In diesem Kapitel wollen wir uns ansehen, wie weit dieses Vorgehen von cbm-BASIC unterstützt wird.

a) Schreiben Sie

```
10 INPUT "A, B"; A, B
20 GOSUB 100
30 ?"Z30", A
40 INPUT "C, D"; C, D
50 GOSUB 100
60 ?"Z60", A
70 GOTO 10
100  IF B < A THEN A = B
110  RETURN
```

Lassen Sie das Programm 2- bis 3-mal durchlaufen. Beenden Sie die Ausführung, ohne das Programm zu zerstören (ggf. in Abschnitt 6.1 nachsehen).

b) Ergänzen Sie die nachfolgende Zeile 45 und lassen Sie das Programm mit den gleichen Zahlen arbeiten wie in Übung a). Notieren Sie dabei die Folge der Eingabe- und Ausgabezeilen.

```
45  A = C: B = D
```

c) Löschen Sie den Programmspeicher und schreiben Sie

```
10 DEFFNTF (X) = ((X − 3)*X + 3)*X − 1
20 INPUT X
30 ?FNTF (X)
40 GOTO 20
```

Lassen Sie das Programm einige Male laufen und geben Sie am besten kleine ganze Zahlen ein.

d) Lassen Sie die Zeile 10 unverändert und ersetzen Sie in den Zeilen 20 und 30 das X jeweils durch ein A. Starten Sie das Programm, und geben Sie die gleichen Zahlen ein wie in Übung c).

e) Ergänzen Sie jetzt

  15 X = 3

Lassen Sie das Programm mit einem Eingabewert ungleich 3 laufen und überzeugen Sie
sich, daß der Inhalt von X nicht verändert wurde. Sehen Sie notfalls in Kapitel 4 nach,
wie Sie das kontrollieren.

12.1 Subroutine

In Übung b) haben Sie ein Programm geschrieben, das an 2 Stellen Zahlenpaare liest und
jeweils die kleinere der beiden ausgibt. Der Größenvergleich ist aber nur einmal (Zeile 1ØØ)
codiert. Diese Zeile ist also nach jedem Lesen ausgeführt worden, was offenbar durch
GOSUB 1ØØ erreicht wurde. Hätten wir stattdessen beide Male GOTO 1ØØ geschrieben,
wäre ebenfalls nach dem Lesen der Vergleich ausgeführt worden. Wir fragen uns daher, wo
der Unterschied zwischen GOTO 1ØØ und GOSUB 1ØØ liegt. Diesen Unterschied erkennen
Sie, wenn Sie in Ihr Protokoll der Übung b) schauen. Dort ist ausgewiesen, daß mit verschiedenen Anweisungen ausgegeben wurde. Der Rechner hat sich offenbar gemerkt, von
wo er zur Zeile 1ØØ geschickt wurde, und ist jeweils dahin zurückgekehrt. Genau hierin
liegt der Nutzen des Subroutine-Aufrufs GOSUB.

Bevor wir eine Subroutine aufrufen, müssen wir jedoch dafür sorgen, daß die Zahlen, die
wir in der Subroutine verarbeiten wollen, auf den Plätzen stehen, die in der Subroutine benutzt werden. Deshalb hat in Übung a) die Eingabe von C und D nichts bewirkt. Erst nach
Ergänzung der Zeile 45 (Übung b) wurde auch für das Paar C, D die kleinere Zahl bestimmt. Beachten Sie aber bitte, daß durch die erneute Belegung der Plätze A und B deren alter Inhalt verloren geht. Hätten wir diese alten Werte später im Programm noch benutzen wollen, hätten wir sie rechtzeitig auf andere Plätze umspeichern müssen.

Um möglichen Irrtümern vorzubeugen, wollen wir betonen, daß GOSUB und RETURN ein
logisch zusammenhängendes Paar von Anweisungen bilden. RETURN wirkt nur, wenn zuvor ein GOSUB erfolgte. Dabei ist durchaus gestattet, von einer Subroutine eine weitere
aufzurufen. Der Rechner trägt nämlich bei GOSUB die zugehörige Rückkehradresse in eine
Tabelle ein. Wenn er auf ein RETURN-Kommando stößt, kehrt er zur jüngsten dieser
Adressen zurück und streicht sie aus der Liste. Deshalb sollten Sie stets darauf achten, daß
die Rückkehr aus einer Subroutine wirklich über RETURN erfolgt, damit die erwähnte
Tabelle korrekt geführt wird.

Lassen Sie uns diese Ausführungen in Regeln zusammenfassen:

> Eine **Subroutine**, die bei der Zeile mit der Nummer n beginnt, wird aufgerufen mit
> GOSUB n
>
> Mit RETURN wird hinter das GOSUB zurückgekehrt, das die betreffende Subroutine
> aufgerufen hat.
>
> Eine Schachtelung von Subroutine-Aufrufen ist erlaubt bis zu einer maximalen Tiefe
> von 23.

Ähnlich wie beim berechneten Sprung können von einer Stelle alternativ verschiedene Unterprogramme aufgerufen werden.

> Diese Anweisung hat die Form
> ON a GOSUB n1, n2, ... , nk
> Darin sind a ein nicht negativer arithmetischer Ausdruck und n1 bis nk Zeilennummern, bei denen jeweils eine Subroutine beginnt.

Wenn der ganzzahlige Teil von a nicht zwischen 1 und k liegt, wird sofort mit der nächsten Anweisung fortgesetzt. Andernfalls wird vorher zum entsprechenden Unterprogramm verzweigt, d. h. z. B. bei a = 2 nach n2, und nach RETURN die auf ON ... GOSUB folgende Anweisung ausgeführt.

Beispiel für die Verwendung einer Subroutine:

In einem (X, Y)-Koordinatensystem (X-Achse waagerecht) seien n Punkte (X_1, Y_1), ... , (X_n, Y_n) gegeben. Diese sollen spaltenweise aufsteigend sortiert werden, wobei der ganzzahlige Teil der X-Koordinate die Spalten definieren soll.

Wir wollen diese Aufgabe so lösen, daß alle Sortierungen von einem Unterprogramm vorgenommen werden. Deshalb speichern wir die Koordinaten in einer (n,3)-Matrix K:
X in Spalte 1, Y in Spalte 2, [X] in Spalte 3. ([X] bedeutet größte ganze Zahl $\leqslant$ X.)

Auf folgenden Wegen kommt man zum Ziel:

Weg A:

1. Alle Punkte nach [X] sortieren. Danach liegen die Punkte einer Spalte, d.h. mit gleichem [X] hintereinander.

2. Jede dieser Spalten getrennt nach Y sortieren.

Weg B:

1. Alle Punkte nach Y sortieren.

2. Alle Punkte nach [X] sortieren unter Beibehaltung der Vorsortierung aus Schritt 1.

Wir wollen den Weg B realisieren. Bild 12.1 zeigt den entsprechenden Ablaufplan. Die Sortierung läuft so, daß nach dem ersten Durchlauf der äußeren Schleife die kleinste aller Zahlen auf Platz 1 steht, nach dem zweiten Durchlauf die kleinste der restlichen Zahlen (das ist die zweitkleinste von allen) auf Platz 2 usw. Bei jedem Durchlauf ist der auf dem H1-ten Platz stehende Wert mit allen nachfolgenden zu vergleichen, was in der H2-Schleife geschieht. Findet sich auf dem H2-ten Platz ein kleinerer Wert, wird er auf den H1-ten Platz gebracht, und die bis dahin auf den Plätzen von einschließlich H1 bis ausschließlich H2 stehenden Zahlen werden um einen Platz nach hinten verschoben. Diesem Zweck dienen die beiden über L und M laufenden Schleifen.

Das Hauptprogramm, auch MAIN genannt, reduziert sich in unserem Beispiel auf die Datenein- und -ausgabe sowie den zweimaligen Subroutineaufruf. Vor jedem Aufruf muß natürlich noch festgelegt werden, nach welchem Begriff zu sortieren ist. Diesen Ablauf sehen Sie auch in Bild 12.1, während Bild 12.2 die BASIC-Version des gesamten Programms darstellt. ●

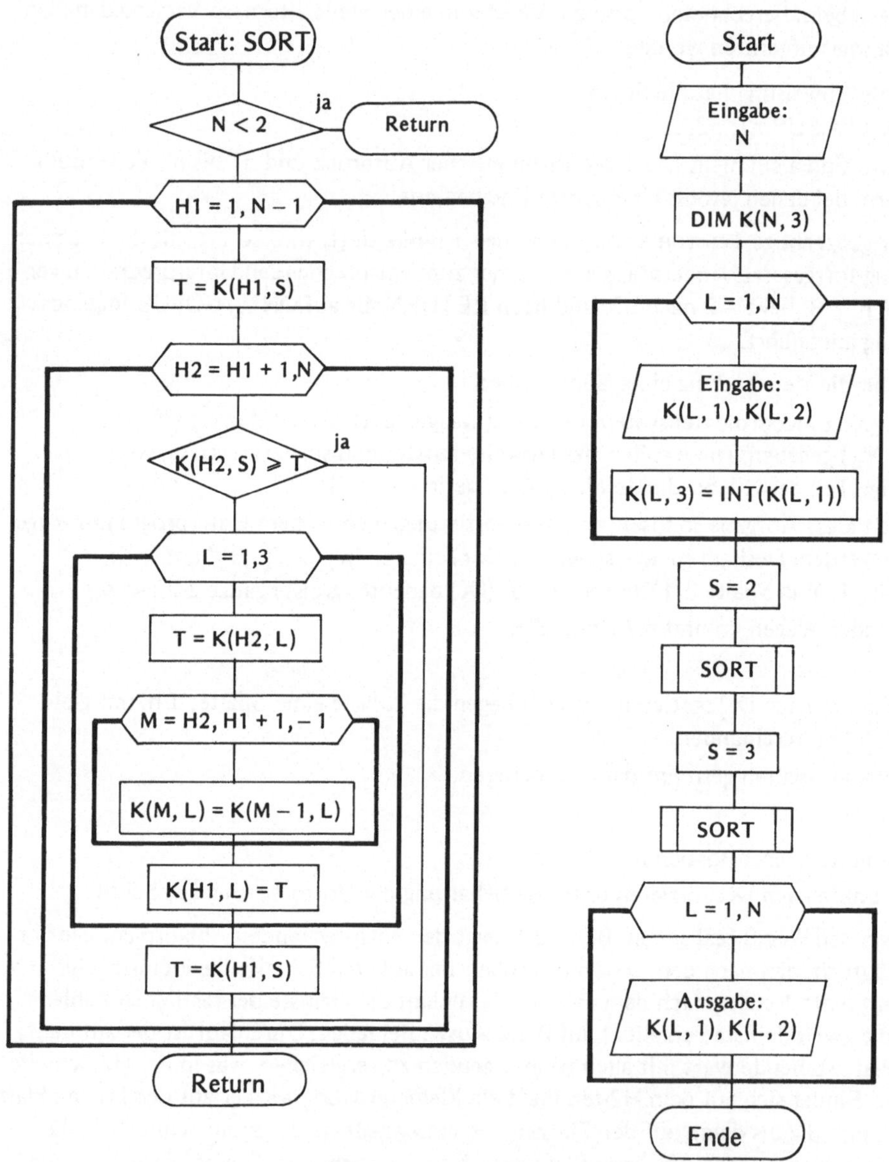

Bild 12.1 Ablaufplan für die spaltenweise Sortierung von Punkten der Ebene

```
READY.

1 REM SPALTENWEISE SORTIERUNG VON PUNKTEN
2 REM SPALTE: [ [X],[X]+1 )
10 INPUT"ANZAHL ";N :DIM K(N,3)
20 FOR L=1 TO N
30 INPUT"X,Y ";K(L,1),K(L,2)
40 K(L,3)=INT(K(L,1))
50 NEXT
110 S=2 :GOSUB 500 :REM SORT NACH Y
120 S=3 :GOSUB 500 :REM SORT NACH [X]
150 FOR L=1 TO N
160 PRINT K(L,1),K(L,2)
170 NEXT
180 END
500 REM          UP SORT NACH SPALTE S
510 IF N<2 THEN RETURN
520 FOR H1=1 TO N-1
530 T=K(H1,S) :REM VERGLEICHSWERT
540 FOR H2=H1+1 TO N
550 IF K(H2,S)>=T THEN650
555 REM   PUNKT H2 VOR PUNKT H1 SETZEN
560 FOR L=1 TO 3
570 T=K(H2,L)
580 FOR M=H2 TO H1+1 STEP -1
590 K(M,L)=K(M-1,L)
600 NEXT
610 K(H1,L)=T
620 NEXT :REM PUNKTE LOKAL NEU GEORDNET
630 T=K(H1,S):REM NEUER VERGLEICHSWERT
650 NEXT
660 NEXT
670 RETURN
READY.
```

Bild 12.2 Programm für die spaltenweise Sortierung von Punkten der Ebene

12.2 Funktion

Mit der Subroutine steht uns ein Weg zur Verfügung, Unterprogramme beliebiger Länge zu formulieren. Falls der Umfang jedoch auf die Berechnung *eines* arithmetischen Ausdrucks beschränkt ist, können wir das Unterprogramm auch als Funktion codieren.

> Eine **Funktion** muß dem BASIC-Interpreter bekannt sein, ehe sie erstmals benutzt wird.
>
> Eine Funktion wird definiert mit
> DEFFNxx (Argument)=arithmetischer Ausdruck
>
> FNxx ist der Funktionsname, wobei für xx der Name einer gewöhnlichen Variablen eingesetzt werden darf.
>
> Das Argument wird als gewöhnliche Variable geschrieben.

Die Reihenfolge hinsichtlich Definition und Aufruf ist hier also anders als bei Subroutinen.
Doch auch der **Aufruf einer Funktion** erfolgt anders. Es ist dafür keine eigene Anweisung
nötig.

> Eine Funktion wird aufgerufen durch Nennung ihres Namens und des aktuellen Ar-
> guments in einem arithmetischen Ausdruck.
>
> Das aktuelle Argument darf ein arithmetischer Ausdruck sein.

Funktionsaufrufe dürfen also überall dort stehen, wo BASIC einen arithmetischen Ausdruck
zuläßt: auf der rechten Seite einer Wertzuweisung, in der Liste eines Ausgabekommandos
und im aktuellen Argument beim Aufruf einer anderen Funktion. Insbesondere dürfen in
dem arithmetischen Ausdruck, mit dem eine Funktion definiert wird, andere Funktionen
aufgerufen werden, vorausgesetzt, der BASIC-Interpreter kennt diese anderen Funktionen
schon.

Sehen wir uns nun an, wie eine Funktion beim Aufruf mit Zahlen versorgt wird. Falls
außer dem Argument weitere Variablen im definierenden Ausdruck stehen, werden deren
momentane Werte benutzt. Insoweit haben wir hier die gleiche Situation wie bei einer Subroutine. Anders verhält es sich mit dem Argument.

> Beim Aufruf einer Funktion wird der Wert des aktuellen Arguments ermittelt und
> im definierenden Ausdruck anstelle des formalen Arguments verwendet.

Beispiele:

```
1Ø DEFFNF (X) = 2*X
2Ø P = FNF (3.5)
```

Hierdurch erhält P den Wert 7.

```
1Ø DEFFNG (T) = 1 + SQR (T)
2Ø T = 2
3Ø Q = FNG (T + 2)
```

Hierdurch erhält Q den Wert 3 (als $1 + \sqrt{4}$).

Bemerkenswert ist, daß im 2. Beispiel nach Ausführung der 3 Zeilen T den Wert 2 trägt,
obwohl die Funktion mit dem Argument 4 aufgerufen wurde. Sie kennen diesen Effekt
auch schon aus Übung e).

> Ein formales Argument ist nicht identisch mit einer gewöhnlichen Variablen gleichen
> Namens.

12.3 Mathematische Standardfunktionen

Eine Reihe von Funktionen sind Bestandteil des cbm-BASIC. Diese unterscheiden sich hinsichtlich der Namenskonventionen von den selbst geschriebenen. Beim Aufruf hingegen besteht Übereinstimmung: Als aktuelles Argument ist ein arithmetischer Ausdruck zugelassen. Bild 12.3 zeigt Ihnen, welche mathematischen Funktionen vorhanden sind. Dazu einige Bemerkungen.

Mathematische Schreibweise	BASIC	Bedeutung
lal	ABS (A)	Betrag
arctan α	ATN (A)	Arcustangens
cos α	COS (A)	Cosinus
e^a	EXP (A)	Exponentialfunktion
[a]	INT (A)	Größte ganze Zahl $\leq$ a
ln a	LOG (A)	Natürlicher Logarithmus
	RND (A)	Gleichverteilte Zufallszahl $\epsilon (0,1)$
sgn a	SGN (A)	Signumfunktion
sin α	SIN (A)	Sinus
$\sqrt{a}$	SQR (A)	Quadratwurzel
tan α	TAN (A)	Tangens

Als A ist ein arithmetischer Ausdruck erlaubt.

Bild 12.3   Mathematische Standardfunktionen

LOG erfordert ein positives Argument, während das von SQR nicht negativ sein darf.

Das Argument von SIN, COS und TAN wird als Winkel im Bogenmaß interpretiert. Das Ergebnis von ATN ist ebenfalls ein Winkel im Bogenmaß und zwar aus dem Intervall $(-\pi/2, \pi/2)$. Der Zusammenhang zwischen einem Winkel im Bogenmaß WB und dem entsprechenden Winkel im Gradmaß WG ist durch folgende Gleichung gegeben:

$$\frac{WB}{\pi} = \frac{WG}{180}$$

SGN kann 3 Werte annehmen:

$$SGN(A) = \begin{cases} -1\,, \text{ falls } A < \emptyset \\ \emptyset\,, \text{ falls } A = \emptyset \\ 1\,, \text{ falls } A > \emptyset \end{cases}$$

Mit RND wird ein Zufallszahlengenerator aufgerufen, der über das Argument beeinflußt werden kann. Hierfür empfiehlt sich die Variable TI, weil deren Wert ständig verändert wird.

12.4 Direkter Speicherzugriff

In diesem Abschnitt wollen wir zwei über BASIC hinausgehende Kommandos ansprechen: PEEK und POKE. Der Anfänger sollte sie jedoch unbedingt meiden; denn bei fehlerhaftem Gebrauch kann die Folge sein, daß nichts mehr geht. Sie müssen dann notfalls den Rechner abschalten und verlieren zumindest das gerade geladene Programm.

PEEK (a)

liefert Ihnen den Inhalt der Speicherstelle a.

POKE a, w

erzeugt in der Speicherstelle a den Wert w.

Die Adresse a liegt zwischen 0 und 65535, der Wert zwischen 0 und 255.

Der Gebrauch dieser Kommandos sollte erst in Erwägung gezogen werden, wenn Sie an die Leistungsgrenzen Ihres Rechners stoßen, d. h. wenn die Größe des Hauptspeichers oder die Verarbeitungsgeschwindigkeit nicht mehr ausreichen. Wie Platzprobleme umgangen werden, ist in Abschnitt 9.3 erläutert. In Beispielen aus Kapitel 14 wird z. T. direkt in den Bildschirmspeicher ausgegeben, was gegenüber der PRINT-Anweisung einen Zeitgewinn bedeutet.

12.4 Aufgaben

12-1 Aus n Werten $x_1, x_2, \ldots, x_n$ erhält man den Mittelwert $\bar{x}$ und die Varianz v durch

$$\bar{x} = \frac{1}{n} \sum_{k=1}^{n} x_k, \quad v = \frac{1}{n-1} \sum_{k=1}^{n} (x_k - \bar{x})^2$$

Schreiben Sie ein Programm zur Berechnung von Mittelwert und Varianz so, daß beide auftretenden Summen in einem Unterprogramm berechnet werden.

12-2 Zwischen sin x, cos x und tan x bestehen u.a. die Beziehungen

$$\tan x = \frac{\sin x}{\sqrt{1 - (\sin x)^2}}, \quad \tan x = \frac{\sqrt{1 - (\cos x)^2}}{\cos x}$$

Diese lassen sich nutzen, um mit der Funktion ATN z.B. für sin x die Umkehrfunktion arcsin x zu gewinnen, d.h. eine Funktion, die bei Vorgabe des Sinuswertes (etwa auf dem Platz SX) den zugehörigen Winkel im Bogenmaß berechnet. Schreiben Sie je ein Funktionsunterprogramm für arcsin x und arccos x.

13 Textverarbeitung

Bislang haben wir Zeichenketten als nahezu unveränderliche Elemente betrachtet. Wenn wir den Wert einer Stringvariablen ändern wollten, geschah das immer von außen, immer durch eine Eingabeanweisung. Das geht auch anders, wie die folgenden Übungen zeigen.

a) Schreiben Sie

    ?:? CHR$ (77); CHR$ (85); CHR$ (84)

Beherzigen Sie das Ergebnis und fahren Sie fort.

b) Schreiben Sie

```
1Ø A$ = ''  ''
2Ø FOR K = 1TO7
3Ø A$ = A$ + CHR$ (64 + K)
4Ø NEXT
5Ø ?A$
RUN
```

c) Jetzt wollen wir uns ansehen, was aus einem Nabel werden kann.

```
1Ø AZ$ = ''NABEL''
2Ø H$ = LEFT$ (AZ$, 2)
3Ø AZ$ = RIGHT$ (H$, 1) + LEFT$ (H$, 1) + AZ$
4Ø AZ$ = AZ$ + RIGHT$ (AZ$, 1) + LEFT$ (AZ$, 1)
5Ø ?:? AZ$
RUN
```

Versuchen Sie kurz, die Entstehung des Namens nachzuvollziehen.

13.1 Zeichendarstellung

Ihr cbm-Rechner arbeitet intern rein numerisch. Wenn er trotzdem in der Lage ist, Zeichen und Worte zu speichern und damit zu hantieren, dann nur deshalb, weil jedem zulässigen Zeichen ein Zahlenwert zugeordnet worden ist. Wenn Sie beispielsweise die Buchstaben ABC eintippen, speichert der Rechner dafür 65, 66 und 67 und merkt sich, daß der Inhalt der fraglichen Speicherstellen einen String darstellt. Lassen Sie diesen Inhalt später auf dem Bildschirm zeigen, wird die Zahlenfolge automatisch in die entsprechenden Zeichen umgewandelt: Sie sehen wieder ABC. Dieser Umwandlung liegt der ASCII zugrunde (American Standard Code for Information Interchange).

Mit 2 Funktionen können Sie die **ASCII-Codeumwandlung** direkt veranlassen:

ASC(A$) liefert die Zahl, die dem ersten Zeichen des Strings A$ entspricht.

CHR$(N) liefert für eine Zahl N zwischen 0 und 127 das entsprechende ASCII-Zeichen.

Beispiele:

?ASC(''1A'') zeigt auf dem Bildschirm den Code der Ziffer 1, und das ist 49.

?CHR$(81) zeigt auf dem Bildschirm ein Q.

13.2 Zahlenumwandlung

In Berechnungen mit gewöhnlichen Variablen arbeitet Ihr Rechner intern mit seiner Standard-Zahlendarstellung. Veranlassen Sie ihn, auf dem Bildschirm eine Zahl auszugeben, wandelt er die interne Form in eine Zeichenfolge um und zeigt diese an. Dabei können neben den Ziffern, dem Buchstaben E und dem Punkt noch das Plus- und Minuszeichen sowie Leerstellen auftreten. Mit Hilfe einer Funktion kann die gleiche Umwandlung einer Zahl in einen String auch im Programm durchgeführt werden

STR$(A) wandelt den Wert des arithmetischen Ausdrucks A in einen String um.

Beispiel:

Nach A$ = STR$($\pi$) steht auf A$ der 11-stellige String '' 3.14159265''.

Entsprechend wird verfahren, wenn die STR$-Funktion mit einem Integer-Argument aufgerufen wird, nur ist dabei der Zahlbereich deutlich kleiner.

Zu STR$ existiert auch eine Umkehrfunktion:

VAL(S$) wandelt den Anfang des Strings S$ in eine Zahl um, soweit er umwandelbar ist.

Beginnt der String mit einem in Zahlen unzulässigen Zeichen, wird der Wert 0 geliefert.

Beispiel:

VAL(''17/2'') hat den Wert 17.

Zulässig sind höchstens die im ersten Absatz dieses Abschnitts aufgeführten Zeichen. Als Basis für die Umwandlung wird eine Folge zulässiger Zeichen aber nur soweit genutzt, wie sie als Zahldarstellung sinnvoll ist. So wird der String z.B. spätestens vom zweiten E ab ignoriert.

13.3 Stringverarbeitung

Neben den bisher erörterten Umwandlungen von Zahlen in Strings und umgekehrt gestattet cbm-BASIC auch die Stringverarbeitung in einem mehr wörtlichen Sinn. Man kann

Strings zu einem gemeinsamen String vereinigen oder einen beliebigen zusammenhängenden Teil eines Strings (als Kopie) herausgreifen.

> A$ + B$ bildet einen String, der in dieser Reihenfolge die Zeichen des Strings A$ und die aus B$ enthält.

Beispiel:

Mit G$ ="GERECHT":M$ ="MUND":S$ = M$ + G$ ergibt sich auf S$ der String "MUNDGERECHT".

Wenn wir hier das gewöhnliche Additionssymbol wiederfinden, heißt das natürlich keinesfalls, daß eine Zahl zu einem String addiert werden könnte. Ebenso unsinnig wäre, Strings mit einem der anderen arithmetischen Operatoren zu verknüpfen.

Um einen Teil aus einem String herauszugreifen, muß man angeben, wieviel Zeichen übertragen werden sollen und wo diese Zeichengruppe im Ausgangsstring liegt. Drei Funktionen stehen zur Verfügung:

> LEFT$(S$, N) liefert die ersten N Zeichen des Strings S$.
>
> MID$(S$, M, N) liefert die beim M-ten Zeichen beginnende Gruppe von N Zeichen aus dem String S$.
>
> RIGHT$(S$, N) liefert die letzten N Zeichen des Strings S$.
>
> N ist eine Zahl zwischen 0 und 255, M zwischen 1 und 255.

Beispiele:

> Mit AZ$ = "ANNABELLA" erhält man
> "ANNA" durch LEFT$(AZ$, 4)
> "NABEL" durch MID$(AZ$, 3, 5) und
> "ELLA" durch RIGHT$(AZ$, 4)

Die Positionierung des herauszulösenden Teilstrings erfolgt stets in der eben erklärten Form. Falls dann nicht mehr N Zeichen verfügbar sind, wird der Ergebnisstring entsprechend verkürzt. Diese Situation kann vom Programm erkannt werden; denn es existiert eine Funktion, die die Anzahl der Zeichen eines Strings ermittelt.

> LEN(S$) liefert die Länge des Strings S$

Beispiel:

Mit dem obigen AZ$ trägt LEN (AZ$) den Wert 9.

Eine Zusammenstellung der zur Textverarbeitung verfügbaren Funktionen zeigt Bild 13.1.

| ASC(S$) |
| CHR$(N) |
| LEFT$(S$,N) |
| LEN(S$) |
| MID$(S$,M, N) |
| RIGHT$(S$,N) |
| STR$(A) |
| VAL(S$) |

S$ ist ein String
M liegt zwischen 1 und 255
N liegt zwischen 0 und 255

Bild 13.1
Stringfunktionen

13.4 Aufgaben

13-1 Eine Zahl wird auf dem Bildschirm in halblogarithmischer Form ausgegeben, wenn
      Ihr Betrag gewisse Grenzen unter- bzw. überschreitet. Wie können Sie ohne Benut-
      zung dieser Grenzen erreichen, daß dann in der Mantisse stets genau 3 Stellen hinter
      dem Dezimalpunkt stehen?

13-2 Schreiben Sie ein Programm, das einen String liest und die darin enthaltenen ver-
      schiedenen Zeichen je einmal auf dem Bildschirm ausgibt. Die Zeichen sollen fort-
      laufend nebeneinander stehen.

13-3 Ändern Sie das Programm für Aufgabe 13-2 so ab, daß die Zeichen aufsteigend sor-
      tiert ausgegeben werden.

14 Demonstrationsbeispiele

Wie in den vorangegangenen Kapiteln wird auch hier in erster Linie das Ziel verfolgt, den Leser zur Entwicklung eigener Programme zu befähigen. Im Vordergrund steht der Demonstrationswert und nicht die vielseitige Verwendbarkeit der Programme. Dennoch wurden diese so aufbereitet, daß sie unmittelbar benutzt werden können.

Bei der Auswahl der Beispiele wurde darauf geachtet, daß Problem und Lösungsweg auch ohne viel Fachwissen aus dem jeweiligen Anwendungsgebiet verstanden werden können. Daher sollten Sie nach Möglichkeit alle Beispiele durcharbeiten und sich nicht auf Ihr Fachgebiet beschränken.

14.1 Lineare Interpolation

Problem: In einem (X, Y)-Koordinatensystem sollen N Punkte (X_i, Y_i), $1 \leqslant i \leqslant N$ gegeben sein mit aufsteigenden X-Werten. Benachbarte Punkte sollen durch eine Strecke verbunden und die Randstrecken als Halbgeraden herausgezogen werden (s. Bild 14.1). Aus diesem Linienzug ist für beliebige Argumente X der zugehörige Funktionswert zu ermitteln.

Dieses Problem stellt sich z.B., wenn mit tabellierten Funktionen gearbeitet wird. Auch für die Auswertung von Meßreihen ist die lineare Interpolation oft ausreichend. Dagegen darf die verabredete Extrapolation in Form der Halbgeraden in Anwendungsfällen nur benutzt werden, wenn die durch den Linienzug angenäherte Funktion tatsächlich ein entsprechendes asymptotisches Verhalten zeigt.

Programme sind selten auf Anhieb fehlerfrei. Vielmehr decken systematische Programmtests gewöhnlich nach und nach die Lücken auf. Im Laufe der Zeit entsteht eine Ahnenkette von Programmen, die immer leistungsfähiger werden (sollten). Wir wollen an diesem Beispiel zeigen, wie die verschiedenen Entwicklungsstufen aussehen könnten.

Lösungsweg: Zuerst werden die N Punkte eingegeben und danach in einer unendlichen Schleife immer abwechselnd ein Argument X gelesen, das zugehörige Y berechnet und X und Y ausgegeben. Um Y berechnen zu können, müssen wir im Regelfall den Index K bestimmen, für den $X(K) \geqslant X$, aber $X(K-1) < X$ ist. Aus der 2-Punkt-Form der Geradengleichung erhalten wir dann

$$Y = G_{X,K} = Y_{K-1} + (Y_K - Y_{K-1}) \frac{X - X_{K-1}}{X_K - X_{K-1}}$$

Bild 14.1, Version a, zeigt einen ersten Entwurf für einen entsprechenden Ablaufplan.

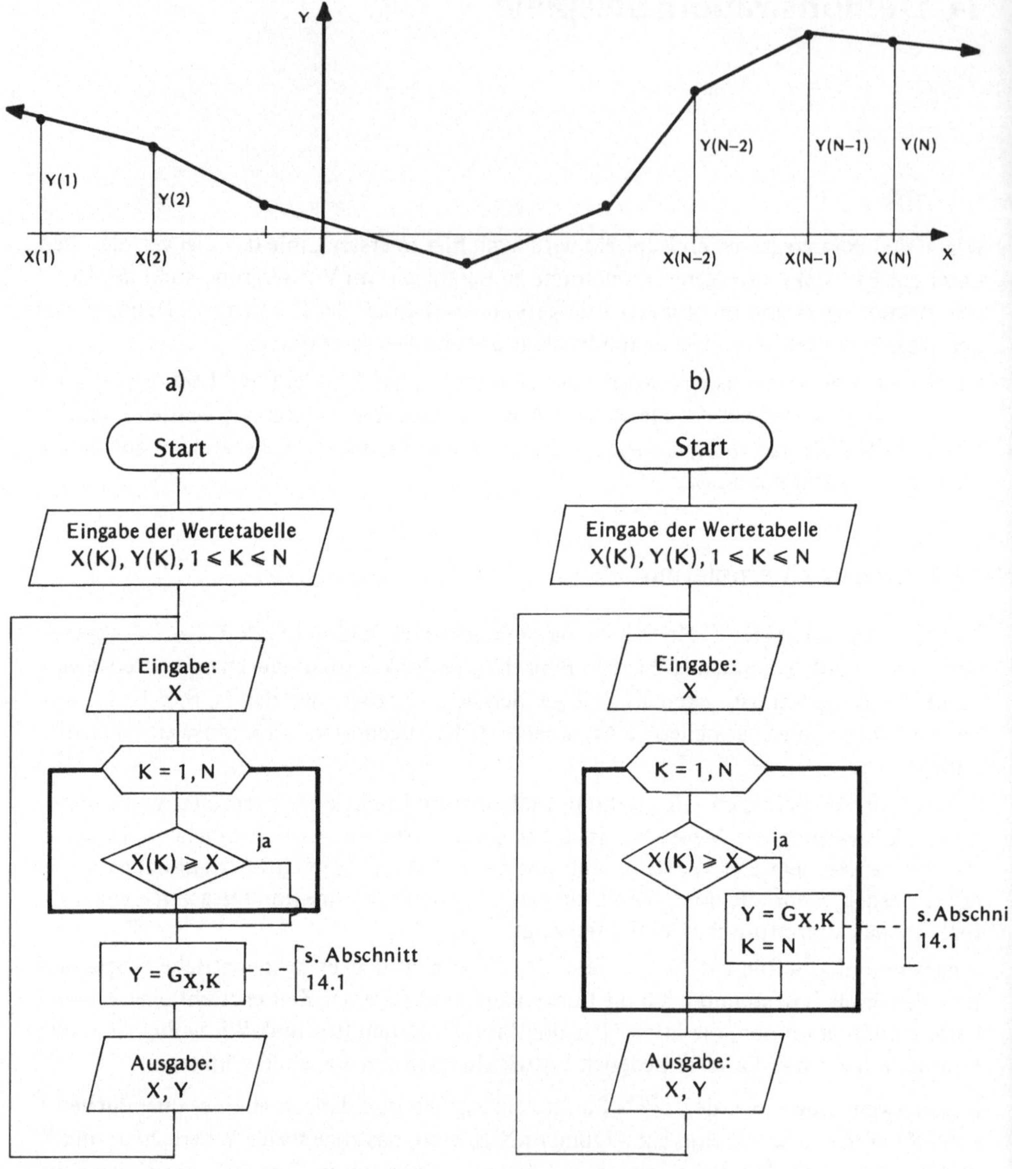

Bild 14.1 Prinzipskizze und Ablaufpläne für die lineare Interpolation

Bei der Ausführung des Programms wird in der Regel auf dem Ja-Ast aus der Schleife herausgesprungen. Der BASIC-Interpreter stößt dann beim nächsten Durchgang wieder auf den Schleifenanfang, ohne zuvor die alte Schleife geschlossen zu haben. Das ist zwar nicht grundsätzlich störend, kann aber mit dem in Bild 14.1, Version b, gezeigten Ablauf leicht vermieden werden.

Der Ablaufplan, Version b, erfüllt die eingangs gestellten Forderungen nocht nicht ganz. Versuchen Sie, die verbliebenen Schwachstellen bzw. die Fehler selbständig herauszufinden. Ohne bei der weiter unten angegebenen Lösung nachzusehen, sollten Sie den Plan b in ein BASIC-Programm übertragen und dieses mit einfachen Testdaten überprüfen. Dabei werden sich fast immer die richtigen Werte ergeben, falls Sie bei der Codierung keine Fehler begangen haben.

Ihr Test sollte als Ergebnis bringen, daß im angegebenen Ablaufplan die Fälle $X \leqslant X(1)$ und $X > X(N)$ falsch behandelt werden. Gilt $X \leqslant X(1)$, wird in der Interpolationsformel mit den Indizes $\emptyset$ und 1 gearbeitet, beabsichtigt waren aber 1 und 2. Für $X > X(N)$ wird die Formel gar nicht erreicht, so daß der alte Y-Wert noch einmal erscheint. Gefordert war hingegen die Berechnung mittels der Indexwerte N-1 und N.

Nun gilt es, mit möglichst wenig Aufwand die erkannten Fehler zu beseitigen. Da für $X \leqslant X(1)$ und X zwischen $X(1)$ und $X(2)$ beide Male mit dem Indexpaar 1 und 2 gerechnet werden soll, erübrigt sich der Vergleich von X mit $X(1)$. Daher lassen wir die Schleife erst mit $K = 2$ beginnen. Entsprechend müssen wir verhindern, daß der Vergleich von X mit $X(N)$ Konsequenzen hat, was durch die Erweiterung der Abfrage auf „$X(K) < X$ und $K < N$" gelingt. Diese Bedingung ist für $K = N$ nicht erfüllt, so daß in diesem Fall $(X(N-1) < X)$ mit den Indexwerten $N - 1$ und N interpoliert wird. Schließlich sollten unsinnige Werte von N, d.h. $N < 2$, zurückgewiesen werden. Wenn Sie Ihr Programm entsprechend abändern, müßte es weitgehend mit der Lösung aus Bild 14.2 übereinstimmen.

```
READY.

10 REM   *** LINEARE INTERPOLATION ***
20 REM PUNKTWEISE GEGEBENER FUNKTIONEN
30 REM
90 REM FUNKTION EINGEBEN
100 INPUT"ANZAHL";N
110 IF N<2 THEN PRINT "ZU KLEIN":GOTO100
120 DIM X(N),Y(N)
130 PRINT "PUNKTE EINGEBEN, X WACHSEND"
140 FOR K=1 TO N
150 INPUT"X,Y";X(K),Y(K)
160 IF K=1 OR X(K)>X(K-1) THEN 180
170 PRINT "X-WERT ZU KLEIN, ABGELEHNT":K=K-1
180 NEXT
200 REM ARGUMENT EINGEBEN, FU.-WERT BERECHNEN
210 INPUT"ARGUMENT";X
220 FOR K=2 TO N
230 IF X(K)<X AND K<N THEN260
240 Y=Y(K-1)+(Y(K)-Y(K-1))*(X-X(K-1))/(X(K)-X(K-1))
250 K=N
260 NEXT
270 PRINT "X=";X,"Y=";Y
280 GOTO 210
READY.
```

Bild 14.2

Programm für lineare Interpolation

14.2 Arcustangens

Problem: Für einen beliebigen Punkt P der (X, Y)-Ebene ist der Winkel zwischen der Strekke von P zum Ursprung und der positiven X-Achse zu ermitteln. P soll durch seine Koordinaten, X und Y, gegeben sein.

Möglicherweise erinnern Sie sich an die Funktion ATN, die ja zu einem bekannten Tangenswert den zugehörigen Winkel im Bogenmaß liefert. Mit dem Aufruf ATN (Y/X) scheint unser Problem gelöst. Da aber die Quotienten (− Y)/(− X) und Y/X den gleichen Wert haben, liefert die ATN-Funktion für den Punkt (X, Y) den gleichen Winkel wie z.B. für den Punkt (− X, − Y), während sich in Wirklichkeit die beiden Richtungen um den Winkel π unterscheiden.

Die Lösung soll als Unterprogramm formuliert werden, damit sie unmittelbar in anderen Programmen verwendet werden kann.

Lösungsweg: Das Unterprogramm ist nur in Verbindung mit einem Hauptprogramm (MAIN) ausführbar. Deshalb müssen wir dieses zusätzlich erstellen und dort alles erledigen, was über den geforderten Leistungsumfang des Unterprogramms hinausgeht. Dazu zählt in erster Linie der Datenaustausch mit dem Benutzer. Daneben lassen wir die Ergebnisse noch von Bogen- in Gradmaß umrechnen, was manchem die Ergebniskontrolle erleichtern wird.

Nun zum Unterprogramm. Als Eingänge verwenden wir die Variablen X und Y, das Ergebnis steht auf A. Dem unsinnigen Fall X = Y = $\emptyset$ schenken wir keine Beachtung, so daß drei Fälle zu behandeln sind. Das soll so geschehen, daß die Ergebnisse in das Intervall (− π,π] fallen. Dabei ist übliche Konvention, positive Winkel entgegen dem Uhrzeigersinn und negative im Uhrzeigersinn aufzutragen.

X $\neq$ $\emptyset$ und Y $\neq$ $\emptyset$. Bei positivem X liefert ATN den richtigen Wert, während bei negativem X um π korrigiert werden muß. Um das obige Intervall zu treffen, koppeln wir diese Korrektur an das Vorzeichen von Y.

Y = $\emptyset$. Je nach Vorzeichen von X muß sich als Ergebnis $\emptyset$ oder π ergeben, was mit Hilfe der SGN-Funktion einfach codiert werden kann.

X = $\emptyset$. Je nach Vorzeichen von Y muß sich $\pi/2$ oder − $\pi/2$ ergeben, was wiederum mit Hilfe der SGN-Funktion codiert wird.

Bild 14.3 zeigt u.a. das entsprechende Unterprogramm, das in allen Anwendungen benutzt werden sollte, in denen zwischen einer Richtung und der Gegenrichtung unterschieden werden muß.

```
READY.

 100 REM TEST-MAIN F. ARCTAN
 110 INPUT"X,Y";X,Y
 120 GOSUB 1000
 130 PRINT "WINKEL IN GRAD:";A*180/π
 140 GOTO 110
 1000 REM *** UP ARCTAN ***
 1010 REM EIN:X,Y. AUS:A=ARCTAN(Y/X),A LIEGT IN (-π,π]
 1020 IF X=0 THEN A=SGN(Y)*π/2: GOTO1060
 1030 IF Y=0 THEN A=(1-SGN(X))/2*π: GOTO1060
 1040 A=ATN(Y/X)
 1050 IF X<0 THEN A=A+SGN(Y)*π
 1060 RETURN
READY.
```

Bild 14.3 Arcustangens-Programm

14.3 Gemeinsamer Geburtstag

Problem: In einer Menge von 367 Personen befinden sich mit Sicherheit zwei, die ihren Geburtstag am selben Tag feiern. Wenn Sie nun zufällig zusammengesetzte Personengruppen nach Geburtsmonat und -tag befragen, finden Sie ein Paar, das gemeinsam feiern könnte, oft schon nach relativ wenigen Interviews. Dieses statistische Phänomen wird hier in der Form eines Ein-Personen-Spiels vorgestellt.

Lösungsweg: Die Befragung wird mit Hilfe des Zufallszahlengenerators simuliert. Er liefert zuerst eine Zahl aus dem Intervall [1, 12], die als Monat angesehen wird. In Abhängigkeit davon wird das Intervall für die Tage festgelegt, also [1, 29], [1, 30] oder [1, 31] und daraus eine Zufallszahl ermittelt. Falls dieses Zahlenpaar schon einmal vorkam, wird die Befragung beendet, andernfalls wird es gespeichert und der nächste Geburtstag erfragt.

Zu Ihrer Information werden alle Befragungsergebnisse angezeigt. Zuvor werden die Zahlen in einem Unterprogramm in Strings mit 2 Zeichen umgewandelt. Dadurch läßt sich auch mit dem Semikolon als Listentrennzeichen die Ausgabe spaltentreu aufbauen. Das Programm zeigt Ihnen Bild 14.4.

Die Erklärung für die meist erstaunlich kleine Zahl zu befragender Personen setzt Kenntnisse in Wahrscheinlichkeitsrechnung voraus. Wir wollen hier nicht darauf eingehen und verweisen den interessierten Leser auf die entsprechende Fachliteratur.

```
READY.

 10 REM *** GEMEINSAMER GEBURTSTAG ***
 20 REM
 50 DATA31,29,31,30,31,30,31,31,30,31,30,31
 60 DIM TG(12),M(366),T(366)
 70 FOR K=1 TO 12:READ TG(K) :NEXT
100 PRINT"⊃*** GEMEINSAMER GEBURTSTAG ***":PRINT:PRINT
110 PRINT"ZUFAELLIG AUSGEWAEHLTE PERSONEN SOLLEN"
120 PRINT"NACH IHREM GEBURTSTAG (TAG,MONAT) BE="
130 PRINT"FRAGT WERDEN, BIS EIN PAAR MIT GLEICHEM"
140 PRINT"GEBURTSTAG GEFUNDEN WIRD."
150 PRINT"SCHAETZEN SIE DIE ERFORDERLICHE ANZAHL."
160 PRINT:PRINT"DER RECHNER SIMULIERT DIE BEFRAGUNG UND"
170 PRINT"BERECHNET DIE GUETE IHRES SCHAETZWERTES.":PRINT
200 INPUT"WIEVIEL PERSONEN WIRD ER FRAGEN";V
210 IF V<2 THEN200
220 PRINT"⊃UMFRAGE-ERGEBNIS:":PRINT
230 N=0
240 M=1+INT(12*RND(TI))
250 T=1+INT(TG(M)*RND(TI))
253 H=T :GOSUB600 :PRINT H$;".";
256 H=M:GOSUB600 :PRINT H$;".   ";
260 IF N=0 THEN300
270 FOR K=1 TO N
280 IF M=M(K) ANDT=T(K) THEN400
290 NEXT
300 N=N+1
310 M(N)=M
320 T(N)=T
330 GOTO240
400 N=N+1
410 PRINT:PRINT:PRINT"NR";N;"UND NR";K
420 PRINT"HABEN GEMEINSAM GEBURTSTAG."
430 PRINT"SIE HATTEN";V;"PERSONEN VORGEGEBEN"
440 IF V=NTHEN500
450 VN=ABS(V-N) :PRINT"FEHLER:";VN;"PERSONEN BZW.";
460 PRINT INT(200*VN/(V+N));"%"
470 GOTO510
500 PRINT"IHRE VORHERSAGE WAR ALSO RICHTIG"
510 PRINT
520 INPUT"GEBEN SIE E ODER W EIN.(ENDE BZW WEITER)";H$
530 IF H$="W" THEN100
540 IF H$="E" THEN END
550 GOTO520
590 INPUT"
600 H$=STR$(H)
610 H1=LEN(H$)-1
620 H$=RIGHT$(H$,H1)
630 IFH1<2THENH$=" "+H$
640 RETURN
700 END
READY.
```

Bild 14.4 Gemeinsamer Geburtstag

14.4 Normierte Zahldarstellung

Problem: Wenn der Zahlenwert einer Variablen unmittelbar auf dem Bildschirm ausgegeben wird, kann die Darstellungsform nicht beeinflußt werden. Das stört z.B. bei der Ausgabe von Kolonnen, die hier linksbündig geschrieben werden. Es stört auch, wenn unabhängig von der Präzision der Eingangsgrößen die Ergebnisse technischer Berechnungen mit 9 scheinbar signifikanten Ziffern erscheinen. Daher stellen wir hier ein Unterprogramm vor, mit dem Zahlen in der Form

$$\pm\, x\,.\, xxxx\; E \pm xx$$

ausgegeben werden können. Die Anzahl der Ziffern im gebrochenen Teil der Mantisse ist frei wählbar.

Dieses Beispiel demonstriert außerdem den Gebrauch der verschiedenen Stringfunktionen.

Lösungsweg: Die darzustellende Zahl wird auf ZA erwartet und auf NZ die Anzahl der in der Mantisse hinter dem Punkt aufzuführenden Ziffern. Das Ergebnis wird auf ZA\$ als String der Länge NZ + 7 geliefert. Bei der Aufbereitung wird von STR\$(ZA) ausgegangen. Diese Funktion liefert einen String mit der gleichen Zeichenfolge, wie die Zahl bei direkter Ausgabe auf dem Bildschirm erschienen wäre. Die Mantisse einschließlich des Vorzeichens wird als String beibehalten (H\$), während der Exponent in seine numerische Form überführt wird (H3). Trat kein Exponent auf, erhält H3 den Wert 0.

Jetzt muß der Punkt in der Mantisse hinter die erste Ziffer geschoben werden. Damit das nicht den Zahlenwert verfälscht, erfolgt ein entsprechender Ausgleich im Exponenten H3. Dieser wird anschließend in einen String umgewandelt und in den Ergebnisstring eingearbeitet. Dabei sind eine Reihe von Sonderfällen zu beachten, wie Sie dem Ablaufplan (Bild 14.5) und vor allem dem Programm (Bild 14.6) entnehmen können.

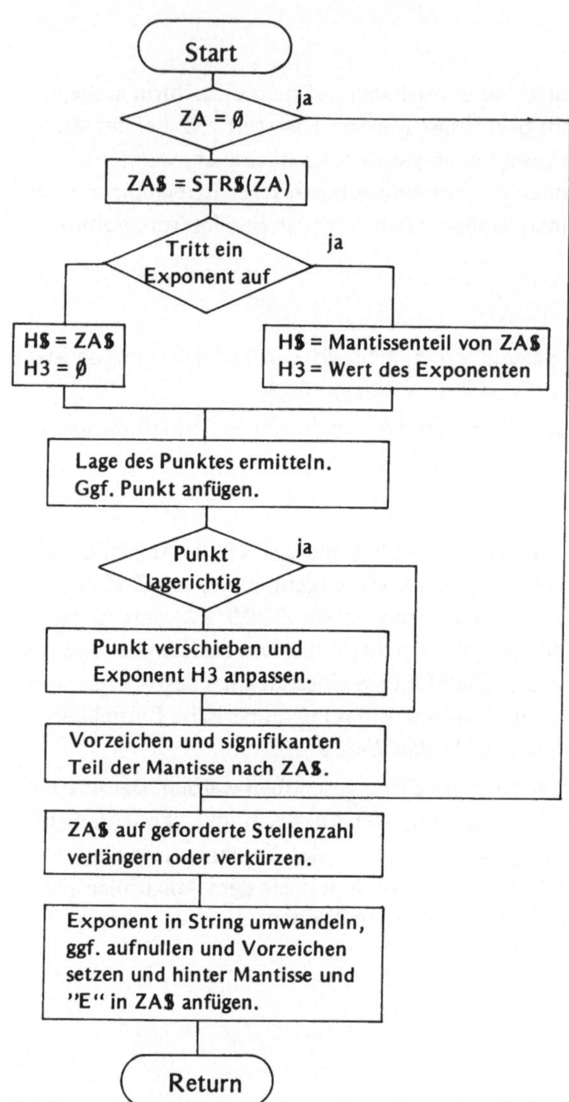

Bild 14.5 Grober Ablaufplan zur Ausgabeaufbereitung von Zahlen

```
READY.

10 REM TEST-MAIN F.NORMZAHL
20 INPUT"ZA,NZ";ZA,NZ
30 GOSUB2000
40 PRINT ZA$ :GOTO10
2000 REM *** UP NORMIERTE ZAHLDARSTELLUNG ***
2001 REM EIN: ZA=ZAHL, NZ=ANZAHL STELLEN HINTERM PUNKT.      AUS:ZA$
2004 IF ZA=0 THEN ZA$=" 0." :H3=0 :GOTO2038
2006 ZA$=STR$(ZA) :H1=LEN(ZA$) :IF H1<5 THEN2012
2008 IF MID$(ZA$,H1-3,1)<>"E" THEN 2012
2010 H$=LEFT$(ZA$,H1-4) :H3=VAL(RIGHT$(ZA$,3)) :GOTO2014
2012 H$=ZA$ :H3=0
2014 ZA$=LEFT$(H$,1) :REM VORZEICHEN DER MANTISSE
2016 H1=LEN(H$)-1
2018 H$=RIGHT$(H$,H1) :REM MANTISSE OHNE VORZEICHEN
2020 FOR H2=1 TO H1 :IF MID$(H$,H2,1)="." THEN2024
2021 NEXT
2022 H$=H$+"." :H1=H1+1 :H2=H1
2024 IF H2=2 THEN ZA$=ZA$+H$ :GOTO2038
2026 IF H2>2 THEN2034
2028 FOR H2=2 TO H1 :H3=H3-1 :IF MID$(H$,H2,1)>"0" THEN2032
2030 NEXT
2031 STOP
2032 ZA$=ZA$+MID$(H$,H2,1)+"."+RIGHT$(H$,H1-H2) :GOTO2038
2034 ZA$=ZA$+LEFT$(H$,1)+"."+MID$(H$,2,H2-2)+RIGHT$(H$,H1-H2)
2036 H3=H3+H2-2
2038 FOR H2=1 TO NZ :ZA$=ZA$+"0" :NEXT
2040 ZA$=LEFT$(ZA$,NZ+3) :REM MANTISSE FERTIG
2042 H$=STR$(H3) :H1=LEN(H$)-1
2044 IF LEFT$(H$,1)<>"-" THEN H$="+"+RIGHT$(H$,H1)
2046 ZA$=ZA$+"E"+LEFT$(H$,1) :IF H1=1 THEN ZA$=ZA$+"0"
2048 ZA$=ZA$+RIGHT$(H$,H1) :RETURN
READY.
```

Bild 14.6 Normierte Zahldarstellung

14.5 Farbige Symbole

Problem: Wenn in elementarer Form ständig neue Werte auf dem Bildschirm angezeigt werden, rollt das Bild nach oben weg. Für manche Anwendungen ist es hingegen erforderlich, die aktuellen Werte immer an bestimmten Stellen eines feststehenden Rahmens (auch Maske genannt) zu zeigen.

In diesem Beispiel sollen in einem Anzeigebereich von 20 X 20 Plätzen des Bildschirms beliebig oft verschiedene Symbole dargestellt werden. Die Farbe der Symbole wird variiert.

Lösungsweg: Mancher Leser mag versucht sein, bei derartigen Aufgaben den POKE-Befehl zu nutzen. Programme, die PEEK oder POKE enthalten, sind aber so maschinenspezifisch, daß sie kaum auf andere Rechner übertragen werden können. Diese Programme versagen mitunter schon, wenn Sie den Speicher Ihres Rechners erweitern oder eine zuvor vorhandene Speichererweiterung entfernen. Deshalb wird hier ein Lösungsweg gezeigt, der mit reinen BASIC-Anweisungen auskommt.

Beliebige Bildschirmpositionen lassen sich dadurch ansteuern, daß über "HOME" auf einen festen Bezugspunkt und von hier mit der erforderlichen Anzahl von „Cursor rechts"- und „Cursor abwärts"-Bewegungen zum gewünschten Platz gegangen wird. Für den Gebrauch in einem Programm (s. Bild 14.7) müssen diese Tasten in der maximal benötigten Anzahl als Strings gespeichert werden (Zeilen 10 und 20). Im PRINT-Befehl (Zeile 90) werden dann Teilstrings ausgegeben, deren Länge zuvor mit dem Zufallszahlengenerator festgelegt wurde.

Den Gebrauch des Zufallszahlengenerators wollen wir anhand der Farbwahl erläutern (Zeile 70). RND (TI) liefert einen zufälligen Wert zwischen 0 und 1, die 1 kommt aber nicht vor. Nach Multiplikation mit 8 und Abschneiden des gebrochenen Anteils ergeben sich ganze Zahlen zwischen 0 und 7 und für A schließlich Werte zwischen 1 und 8 einschließlich der Grenzen. Aus dem String F$ mit den möglichen Farben (Tasten CTLR u. 1 bis CTLR u. 8) wird dann in Zeile 90 der in F$ an Platz A stehende Wert ausgegeben.

Nach dem Programmstart füllt sich der Bildschirm allmählich mit bunten Symbolen. Ein Teil der Plätze bleibt jedoch frei, bzw. diese werden mit weißen (= unsichtbaren) Symbolen bedruckt.

```
10 PRINT"⌂"·Z$="▒▨▨▨▨▨▨▨▨▨▨▨▨▨▨▨▨▨▨▨▨▨"
20 S$="▮▮▮▮▮▮▮▮▮▮▮▮▮▮▮▮▮▮▮▮▮"
30 F$="▮◢◣▨▩▨"
40 A$="✳◆♣♥♠"
50 Z=1+INT(RND(TI)*21)
60 S=1+INT(RND(TI)*20)
70 F=1+INT(RND(TI)*8)
80 A=1+INT(RND(TI)*5)
90 PRINTLEFT$(Z$,Z+1);LEFT$(S$,S);MID$(F$,F,1);MID$(A$,A,1)
95 GOTO50
READY.
```

Bild 14.7 Farbige Symbole

14.6 Zahlget

Problem: bei besonderen Anwendungen ist es störend oder gar unmöglich, Eingabewerte über den Bildschirm einzulesen (INPUT). Dann wird eine Routine benötigt, die es gestattet, Zahlen — und nicht nur einzelne Zeichen — direkt von der Tastatur zu übernehmen.

Lösungsweg: In den Zahlen dürfen neben den zehn Ziffern noch ein Dezimalpunkt und ein Vorzeichen auftreten. Nach Wahl des Benutzers werden auch beliebige sonstige Zeichen angenommen, die er im String Z1$ vorgeben muß. Diese Zeichen, hier Steuerzeichen genannt, sowie die Return-Taste werden natürlich nicht in die gelesene Zahl Y$ eingesetzt. Sie werden dem Benutzer in Y1$ übergeben. Jedes dieser letztgenannten Zeichen führt zur sofortigen Rückkehr ins rufende Programm. Dort kann mit VAL (Y$) der Wert der bis dahin aufgelaufenen Zahl gewonnen werden.

Einen groben Ablaufplan für "ZAHLGET" finden Sie in Bild 14.8, das entsprechende Programm zeigt Ihnen Bild 14.9.

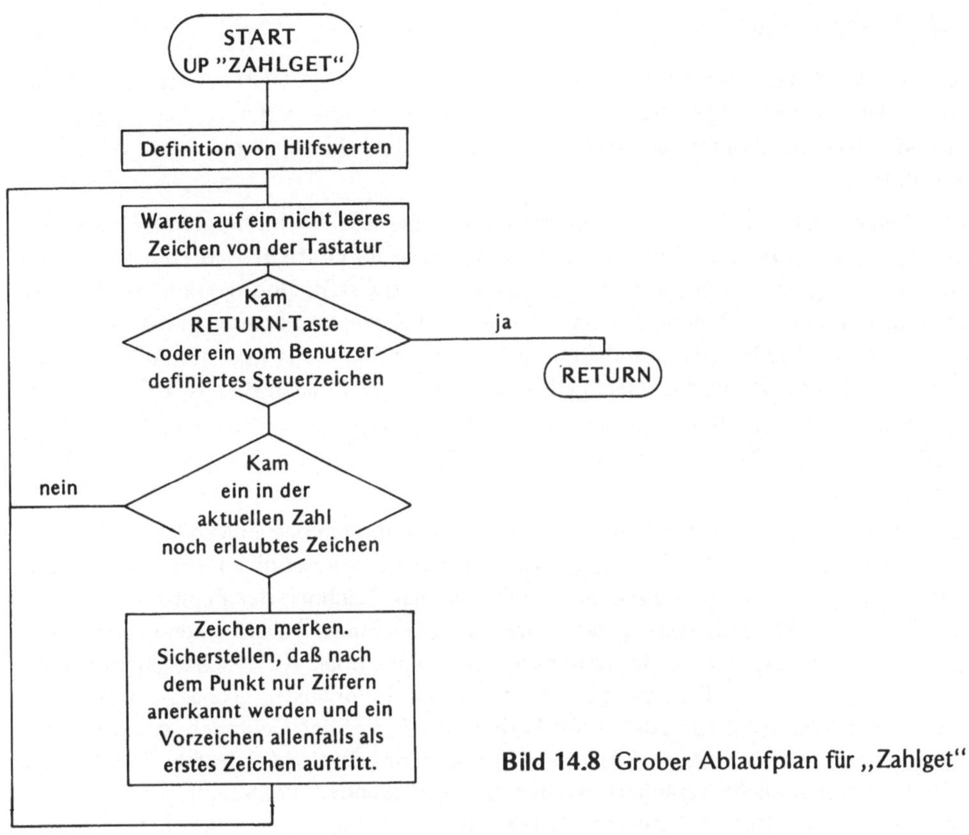

Bild 14.8 Grober Ablaufplan für „Zahlget"

```
1 PRINT"⌂"
10 Z1$="E↑"
20 GOSUB 9000
30 PRINT"⌂⌂⌂";Y$,Y1$
40 IF Y1$="E" THEN END
50 Y1$="": GET Y1$: IFY1$="" THEN 50
60 IF Y1$<>"E" THEN 1
90 END
9000 REM ZAHL + STEUERZEICHEN VON TASTATUR
9005 REM EIN: Z1$=STEUERZEICHEN.     AUS: Y$=ZAHL, Y1$=AKT.STEUERZEICHEN
9010 Z0$="1234567890.+-"
9015 Y$="":Y0=13
9020 GET Y1$: IF Y1$="" THEN 9020
9025 IF Y1$=CHR$(13) THEN RETURN
9030 FOR Y=1 TO LEN(Z1$)
9035 IF Y1$=MID$(Z1$,Y,1) THEN RETURN
9040 NEXT Y
9050 FOR Y=1 TO Y0
9055 IF Y1$<>MID$(Z0$,Y,1) THEN 9080
9060 Y$=Y$+Y1$
9065 IF Y0>11 THEN Y0=11
9070 IF Y=11 THEN Y0=10
9080 NEXT Y
9090 GOTO 9020
READY.
```

Bild 14.9 Unterprogramm ZAHLGET

14.7 Bewegte Figur

Problem: Als Zusatz zum VC20 wird die „Supererweiterung VC1211" mit einer „hochauflösenden Grafik" angeboten. Als erste Einführung in die Nutzung dieser Spezialbefehle wird hier das Problem erörtert, eine einfache Figur über den grafischen Bildschirm zu bewegen.

Lösungsweg: Während im (normalen) Textmodus die Zeilen- und Spaltenzahl des Bildschirms in der Größenordnung 10 liegt, beträgt diese im Grafikbetrieb 100. Die genaue Auflösung hängt davon ab, welcher der verschiedenen Grafik-Modi gewählt wird. Unabhängig davon wird im Programm jedoch mit je 1024 Zeilen und Spalten gearbeitet (adressiert von 0 bis 1023). Das Umschalten auf einen Grafikmodus und das Aktivieren der Spezialbefehle erfolgt mit dem GRAPHIC-Kommando (Zeile 10 in Bild 14.10).

Die Farben werden in 4 Farbregistern verwaltet (0 $\hat{=}$ Bildschirm, 1 $\hat{=}$ Rahmen, 2 $\hat{=}$ Zeichen, 3 $\hat{=}$ Hilfsfarbe). In Zeile 20 haben wir diese Register gefüllt (1 $\hat{=}$ weißer Bildschirm, 2 $\hat{=}$ rote Zeichen).

Nun zur Programmierung des Bewegungsvorganges! Wenn ein befriedigender Eindruck erzeugt werden soll, muß die Figur jeweils am alten Ort gelöscht und am neuen Ort gezeigt werden. Um gezielt löschen zu können, wird für das Zeichnen der Figur ein Unterprogramm (Zeilen 200–240) erstellt, dem über Variablen (hier N) das zu benutzende Farbregister und die Lage eines Bezugspunktes der Figur (hier X, Y) übergeben werden. Zeichnen heißt, dieses Unterprogramm mit einem Farbregister größer 0 aufzurufen. Löschen erfolgt durch einen Aufruf mit Farbregister 0. Für den Gebrauch ist wichtig, daß zwischen dem Zeichnen (Aufruf in Zeile 60) und dem Löschen (Aufruf in Zeile 65) die Positionsvariablen nicht verändert werden. Im vorliegenden Programm, s. Bild 14.10, wurde als Figur ein Rechteck mit 2 Füßen gewählt. Diese Figur wird links oben beginnend in leicht geneigten Bahnen über den Bildschirm hin und her bewegt.

```
10 GRAPHIC
20 COLOUR1,3,2,6
40 Y=100 :XA=50: XE=800: D=20
50 FOR X=XA TO XE STEP D
55 IF Y>900 THEN 40
60 N=2: GOSUB200
65 N=0: GOSUB200
70 Y=Y+3
75 NEXTX
80 D=-D: HH=XA:XA=XE:XE=HH: Y=Y+50
90 GOTO 50
200 REM FIGUR ZEICHNEN
210 H=70:B=120:L=25
220 DRAW N,X,Y+HTOX,YTOX+B,YTOX+B,Y+HTOX,Y+HTOX-L,Y+H+L
230 DRAW N,X+B,Y+HTOX+B+L,Y+H+L
240 RETURN
READY.
```

Bild 14.10 Bewegte Figur

14.8 Wurf in einen Korb

Problem: Hier wird ein Programm vorgestellt, mit dem der direkte Korbwurf aus dem Basketballspiel simuliert wird. Der Benutzer muß einzelne Kenngrößen solange variieren, bis der (punktförmige) Ball den Korb getroffen hat.

Über den Aspekt des Spielens hinaus dürfte der Eingabeteil von Interesse sein. Er zeigt beispielhaft, wie im Dialog mit dem Benutzer in beliebiger Kombination einzelne der Eingabegrößen angesprochen werden können.

Lösungsweg: Bild 14.14 zeigt Ihnen, daß dieses Programm deutlich größer ist als in den vorangegangenen Beispielen. Aus diesem Grund wurden mehrere Unterprogramme erstellt, in denen einzelne Teilaufgaben bearbeitet werden. Das Hauptprogramm (MAIN) enthält daher i. W. nur Aufrufe dieser Unterprogramme (s. Bild 14.12).

Die Eingabe wurde weiter unterteilt in eine Eingabesteuerung und die eigentliche Leseroutine, die Sie bereits aus dem Beispiel ZAHLGET kennen. Die Eingabesteuerung ist auszugsweise in Bild 14.13 dargestellt. Sie wurde zugunsten der besseren Lesbarkeit linear programmiert. Der interessierte Leser mag sie unter Verwendung indizierter Variabler für die 7 Kenngrößen so straffen, daß nur die Prüfungen auf Zulässigkeit individuell formuliert bleiben.

Der Berechnungsanteil (s. Bild 14.11) basiert auf den Bewegungsgleichungen

$$X = V_x \cdot t, \quad Y = S + V_y t - \frac{gt^2}{2}$$

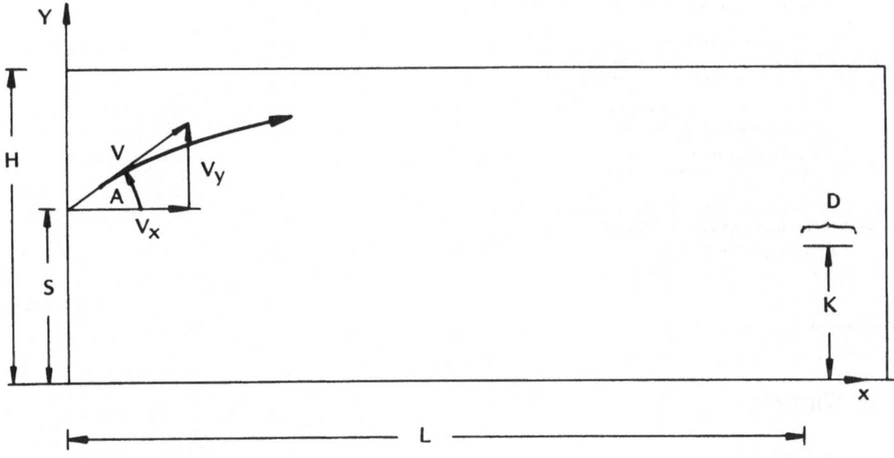

Bild 14.11 Wurf, Prinzipskizze

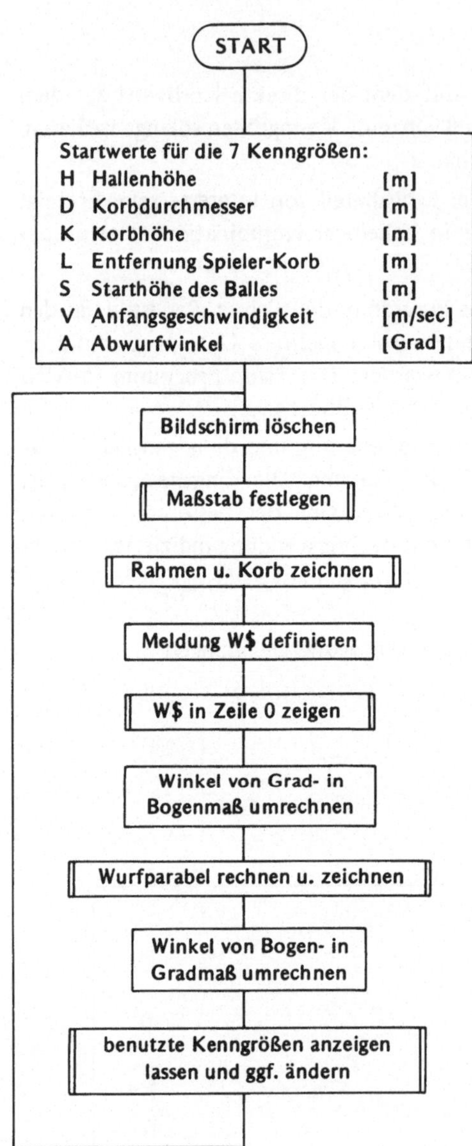

Bild 14.12 Wurf-Main

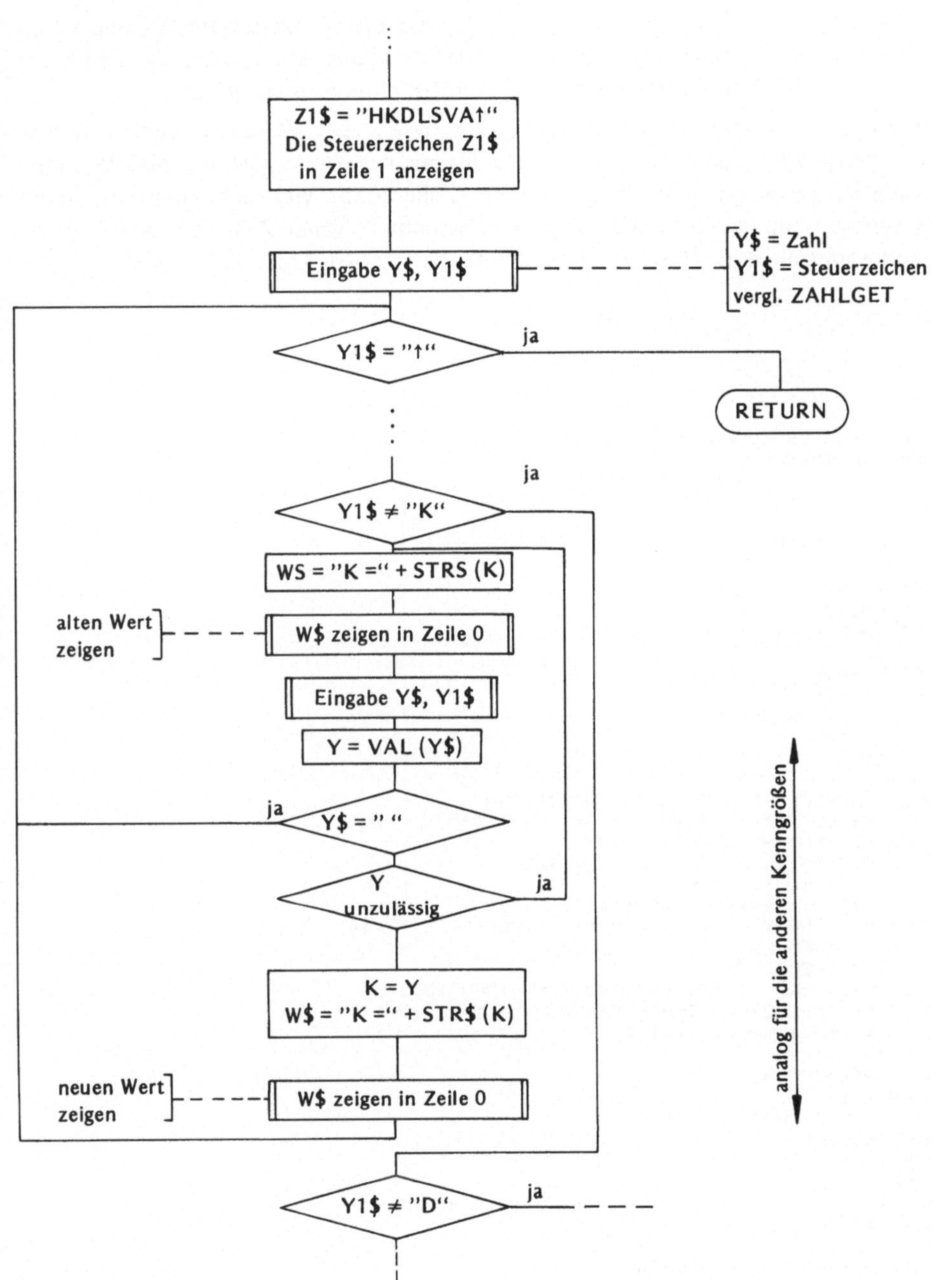

Bild 14.13 Auszug aus Wurf-Eingabeteil

Darin bedeuten t die Zeit nach dem Abwurf, g die Erdbeschleunigung, V_x und V_y die Komponenten der Anfangsgeschwindigkeit. Die Steuerung erfolgt über die Zeit t, und zwar so, daß nach 100 Durchläufen der Weg L in X-Richtung zurückgelegt ist.

In der Ausgabe werden Grafikbefehle der „Supererweiterung VC1211" benutzt. Da hierin die Y-Achse von oben nach unten zeigt, müssen die Y-Werte nach der Maßstabstransformation entsprechend umgerechnet werden (Zeile 2055). Wer nicht über diese Erweiterung verfügt, muß vor der Benutzung des Programms folgende Zeilen auf den normalen Textmodus umstellen: 50, 60, 110, 2055, 2060, 2205, 2210, 3250, 3260.

```
READY.

10 REM DIREKTER KORBWURF
20 REM STARTWERTE
30 H=9:D=.5: K=2.3: L=10: S=2: V=12: A=45
50 GRAPHIC 2
60 COLOUR 1,7,6,2
100 REM STEUERUNG
110 SCNCLR
120 GOSUB3000
130 GOSUB3100
140 W$="AUF GEHT'S": GOSUB 3200
150 A=A*π/180
160 GOSUB2000
170 A=A*180/π
200 REM WERTE AENDERN ?
210 GOSUB2200
220 GOTO100
990 STOP
2000 REM WURFPARABEL RECHNEN UND ZEIGEN
2005 VX=V*COS(A):VY=V*SIN(A): G=9.81: W$=""
2010 TE=(L+2*D)/VX:DT=L/VX*0.01
2015 IF D/VX*0.2 <DT THEN DT=D/VX*0.2
2020 FOR T=0 TO TE STEP DT
2025 X=VX*T: Y=S+VY*T-0.5*G*T*T
2030 IF X>L AND Y<=K THEN W$="*** TREFFER !!! ***": Y=K
2035 IFY>H THEN 2075
2040 IFY<0 THEN 2075
2045 IF ABS(X-L) <0.5*DT*VX AND Y<=K THEN 2075
2050 IF ABS(X-L-D) <0.5*DT*VX AND Y>=K THEN 2075
2055 X=F*(X+D): Y=F*Y: Y=1023-Y
2060 POINT 2,X,Y
2065 IF W$<>"" THEN 2080
2070 NEXT T
2075 W$="VERSUCH'S NOCHMAL."
2080 GOSUB3200
2090 RETURN
2200 REM HALLENMASSE
2205 Z1$="                   ": CHAR 1,0,Z1$
2210 Z1$="HKDLSVA↑": CHAR 1,0,Z1$
2215 GOSUB9000
2220 IF Y1$="↑" THEN RETURN
2230 IF Y1$<>"H" THEN 2240
2232 W$="H="+STR$(H): GOSUB 3200: GOSUB 9000: Y=VAL(Y$)
2234 IF Y$=""THEN 2220
2236 IF Y<=K OR Y<=S THEN 2232
2238 H=Y: W$="H="+STR$(H): GOSUB 3200: GOTO 2220
2240 IF Y1$<>"K" THEN 2250
2242 W$="K="+STR$(K): GOSUB 3200: GOSUB 9000: Y=VAL(Y$)
2244 IF Y$=""THEN 2220
```

```
2246 IF Y<0 OR Y>=H THEN 2242
2248 K=Y: W$="K="+STR$(K): GOSUB 3200: GOTO 2220
2250 IF Y1$<>"D" THEN 2260
2252 W$="D="+STR$(D): GOSUB 3200: GOSUB 9000: Y=VAL(Y$)
2254 IF Y$=""THEN 2220
2256 IF Y<=0 OR Y>L THEN 2252
2258 D=Y: W$="D="+STR$(D): GOSUB 3200: GOTO 2220
2260 IF Y1$<>"L" THEN 2270
2262 W$="L="+STR$(L): GOSUB 3200: GOSUB 9000: Y=VAL(Y$)
2264 IF Y$=""THEN 2220
2266 IF Y<D THEN 2262
2268 L=Y: W$="L="+STR$(L): GOSUB 3200: GOTO 2220
2270 IF Y1$<>"S" THEN 2280
2272 W$="S="+STR$(S): GOSUB 3200: GOSUB 9000: Y=VAL(Y$)
2274 IF Y$=""THEN 2220
2276 IF Y<0 THEN 2272
2278 S=Y: W$="S="+STR$(S): GOSUB 3200: GOTO 2220
2280 IF Y1$<>"V" THEN 2290
2282 W$="V="+STR$(V): GOSUB 3200: GOSUB 9000: Y=VAL(Y$)
2284 IF Y$=""THEN 2220
2286 IF Y<=0  THEN 2282
2288 V=Y: W$="V="+STR$(V): GOSUB 3200: GOTO 2220
2290 IF Y1$<>"A" THEN 2210
2292 W$="A="+STR$(A): GOSUB 3200: GOSUB 9000: Y=VAL(Y$)
2294 IF Y$=""THEN 2220
2296 IF Y<=-90 OR Y>=90 THEN 2292
2298 A=Y: W$="A="+STR$(A): GOSUB 3200: GOTO 2220
3000 REM MASSTAB FESTLEGEN
3010 F=1023/(L+3*D)
3020 IF 900/H < F THEN  F=900/H
3030 REM OBEREN BILDSCHIRMRAND FREILASSEN
3040 RETURN
3100 REM RAHMEN ZEICHNEN
3105 X=F*(L+3*D): Y=1023-F*H
3110 DRAW  2,0,1023 TO 0,Y TO X,Y TO X,1023 TO 0,1023
3120 X=F*(L+D): Y=1023-F*K
3125 DRAW  2,X,Y TO X+F*D,Y
3190 RETURN
3200 REM WERT ZEIGEN IN ZEILE 0
3210 REM VERZOEGERN
3220 T1=TI
3230 IF TI < T1+60 THEN 3230
3240 W1$="                      "
3250 CHAR  0,0,W1$
3260 CHAR  0,0,W$
3270 RETURN
9000 REM ZAHL + STEUERZEICHEN VON TASTATUR
9005 REM EIN: Z1$=STEUERZEICHEN.       AUS: Y$=ZAHL.   Y1$=AKT.STEUERZEICHEN
9010 Z0$="1234567890.+-"
9015 Y$="":Y0=13
9020 GET Y1$: IF Y1$="" THEN 9020
9025 IF Y1$= CHR$(13) THEN RETURN
9030 FOR Y=1 TO LEN(Z1$)
9035 IF Y1$=MID$(Z1$,Y,1) THEN RETURN
9040 NEXT Y
9050 FOR Y=1 TO Y0
9055 IF Y1$<>MID$(Z0$,Y,1) THEN 9080
9060 Y$=Y$+Y1$
9065 IF Y0>11 THEN Y0=11
9070 IF Y=11 THEN Y0=10
9080 NEXT Y
9090 GOTO 9020
READY.
```

Bild 14.14 Wurf-Programm

14.9 Menütechnik

Problem: Wer nacheinander verschiedene Programme benutzen will, ohne daß die Reihenfolge zwingend vorgeschrieben ist, wird in der Regel mit einem über die Tastatur eingegebenen LOAD-Kommando das jeweils nächste Programm von einer Kassette oder Diskette in den Rechner laden und dann starten. Diese Auswahl kann grundsätzlich auch von einem speziellen Programm erledigt werden, einem sog. Menü-Programm.

Falls eine floppy-disk zur Verfügung steht, sollten alle aus einem Menü anzuwählenden Programme auf *einer* Diskette gespeichert werden. Das Menü-Programm zeigt dem Benutzer die Auswahlmöglichkeiten und fordert einen Auswahlkennwert ein. Entsprechend diesem Wert lädt es das jeweilige Problemprogramm, und dieses sollte als letzte Aktion wieder das Menüprogramm laden. Weitere Hinweise zu dieser Overlay-Technik finden Sie in Abschnitt 9.3.

Hier soll erörtert werden, wie die Menütechnik auch ohne floppy-disk genutzt werden kann. Voraussetzung ist allerdings, daß die anzuwählenden Programme gleichzeitig in den Arbeitsspeicher passen.

Lösungsweg: Die verschiedenen Programme sollten als Unterprogramme gestaltet werden, d. h. ihre letzte Aktion ist RETURN und nicht END oder STOP. Diesen Unterprogrammen wird das Menüprogramm vorgelagert wie in Bild 14.15 gezeigt.

Zur Anpassung an konkrete Anwendungen müssen die Anfangsadressen der anzuwählenden Unterprogramme in Zeile 65 und die zugehörigen Kennwerte in entsprechender Reihenfolge in Zeile 55 eingesetzt werden. Ab Zeile 20 schreiben Sie dann PRINT-Anweisungen zur Erläuterung der erlaubten Kennwerte.

```
5 REM MENUE-PRINZIP
10 PRINT"    KW   PROGRAMM"
20 PRINT" A   TEST 1"
21 PRINT" 6   TEST 2"
22 PRINT" @   TEST 3"
23 PRINT" ↑   ENDE"
50 Y$="": INPUT" PROGRAMM-KW ";Y$: Y$=LEFT$(Y$,1): PRINT"";
55 Y1$="↑A@6"
60 GOSUB 75
65 ON Y GOSUB 200,1000,3000,2000
70 GOTO 10
75 REM POSITION Y DES ZEICHENS Y$ IM STRING Y1$ ERMITTELN
80 FOR Y=1 TO LEN(Y1$)
85 IF MID$(Y1$,Y,1)=Y$ THEN RETURN
90 NEXT Y
95 Y=0: RETURN
200 REM  ENDE
210 END
1000 REM TEST 1
1010 INPUT"HIER IST TEST1";Y$
1090 RETURN
2000 REM TEST 2
2010 INPUT"HIER IST TEST2";Y$
2090 RETURN
3000 REM TEST 3
3010 INPUT"HIER IST TEST3";Y$
3090 RETURN
READY.
```

Bild 14.15 Menütechnik

14.10 Haus des Nikolaus

Problem: Die Figur aus Bild 14.16 soll so als zusammenhängender Linienzug gezeichnet werden, daß jede Strecke genau einmal durchlaufen und vor allem der Zeichenstift zwischendrin nicht abgehoben wird. Mancher Leser wird dieses Problem aus seiner Jugendzeit kennen. Verbunden war diese Aufgabe mit Sprüchen wie „Das ist das Haus vom Nikolaus" oder „Wer das nicht kann, kriegt keinen Mann".

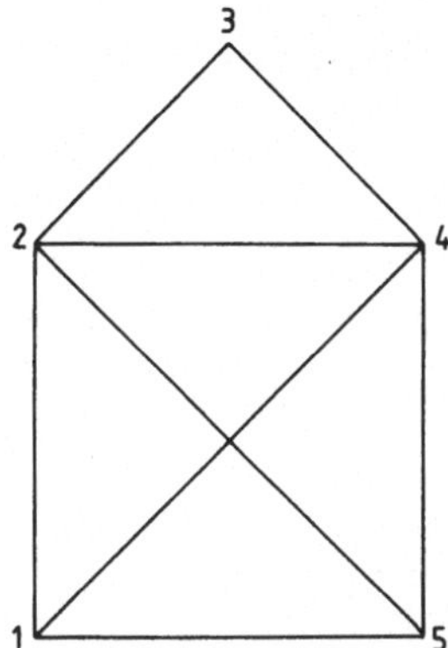

Bild 14.16 Knoten und Wege des Hauses

Lösungsweg: Da zu den unteren Ecken je 3 Strecken führen, muß beim Zeichnen an einer dieser Ecken begonnen werden. Der Linienzug endet dann an der anderen. Im Programm wird stets an der linken unteren Ecke gestartet. Die Auswahl der jeweils nächsten Strecke erfolgt zufallsgesteuert. Dabei muß natürlich beachtet werden, welche Strecken überhaupt möglich und welche schon erledigt sind.

Die Wegestruktur steht als von-nach-Angabe in den Feldern A und E. Jede Strecke wird zweimal aufgenommen, weil nicht vorhersehbar ist, in welcher Richtung sie durchlaufen werden wird. Der Erledigungsvermerk steht in Feld F. Dieses Beschreibungsprinzip ist auf andere Problemstellungen übertragbar. Speziell auf das aktuelle Problem zugeschnitten sind hingegen die Kontrollen, die ein vorzeitiges Erreichen des Endpunktes verhindern müssen.

Die Darstellung der Linien und die Festlegung der Farbe erfolgt hier durch direktes Schreiben mit POKE-Anweisungen in den Bildschirm- und Farbenspeicher.

Bild 14.17 zeigt den Ablaufplan des MAIN und Bild 14.18 das gesamte Programm. Wenn Sie während der Ausführung mehrere Linienzüge sehen wollen, genügt es, auf die Frage „Noch einmal?" irgendeine Taste zu tippen.

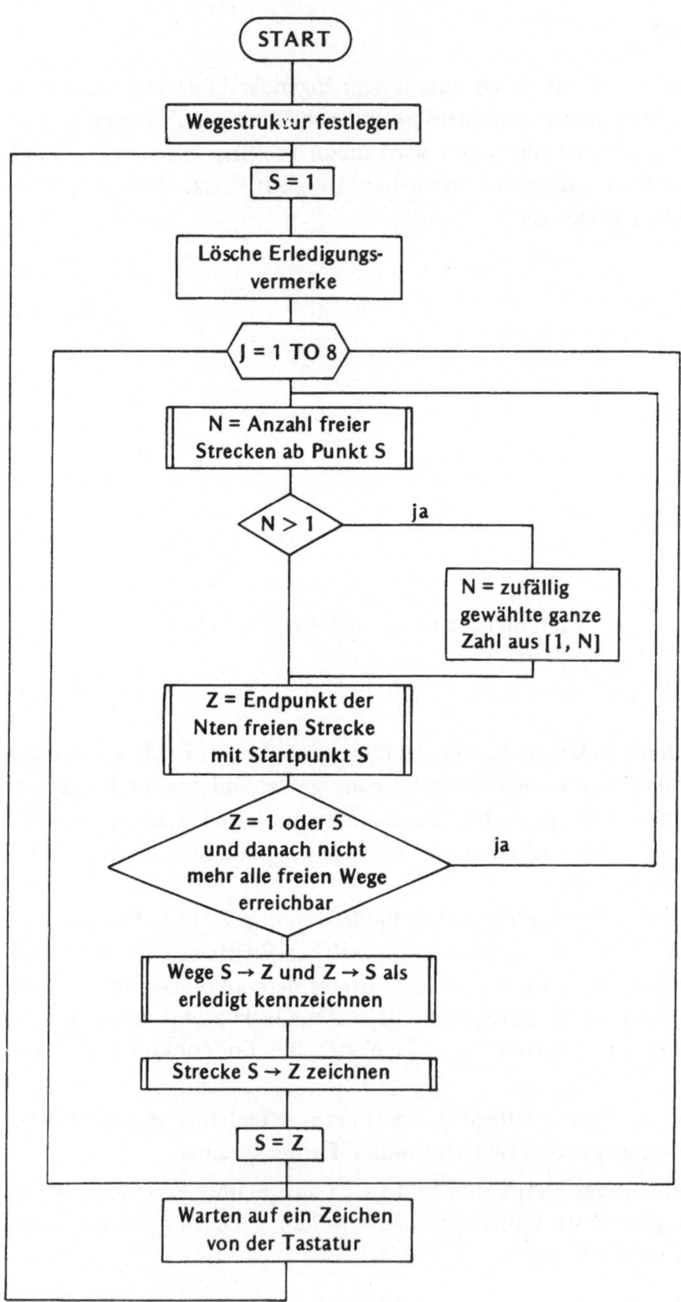

Bild 14.17 Haus-MAIN

```
1 REM ZEICHNE HAUS
10 DIM A(17),E(17),F(17)
12 FORJ=1TO17:READ A(J):NEXT J
14 FORJ=1TO17:READ E(J):NEXT J
16 DATA 1,1,1,2,2,2,2,3,3,4,4,4,4,5,5,5,9
18 DATA 2,4,5,1,3,4,5,2,4,1,2,3,5,1,2,4,9
20 DIM X(5),Y(5)
22 FOR J=1 TO 5 :READ X(J),Y(J) :NEXT J
24 DATA 5,21,5,9,11,3,17,9,17,21
50 REM STEUERUNG
52 PRINT"J" :S=1
54 FOR J=1 TO 17 :F(J)=0 :NEXT J
56 FOR J=1 TO 8
58 GOSUB100
60 IF N>1 THEN N=1+INT(RND(TI)*N)
62 GOSUB400
64 IF Z<>5 OR J>6 THEN70
66 S1=S :S=Z :GOSUB100
68 Z=S :S=S1 :IF N<3THEN 58
70 IF Z<>1 OR J<4 OR J>5 THEN 74
72 IF F(3)=0 THEN 58
74 GOSUB 200
76 GOSUB 300
78 S=Z
80 NEXT J
82 PRINT"§NOCH EINMAL ?"
84 GET A$:IF A$="" THEN 84
86 GOTO 50
100 REM N=ANZ. FREIER WEGE AB PUNKT S
110 I=0 :N=0
120 I=I+1 :IF A(I)<S THEN 120
130 IF A(I)>S THEN RETURN
140 IF F(I)=0 THEN N=N+1
150 I=I+1 :GOTO130
200 REM  WEG + GEGENWEG STREICHEN
210 I=0
220 I=I+1 :IF A(I)<>S OR E(I)<>Z THEN220
260 F(I)=1
270 I=0
280 I=I+1 :IF A(I)<>Z OR E(I)<>S THEN280
290 F(I)=1 :RETURN
300 REM ZEICHNE WEG VON S-->Z
310 DX=SGN(X(Z)-X(S)) :DY=SGN(Y(Z)-Y(S))
320 X=X(S) :Y=Y(S)
330 B=7680+22*Y+X :POKE B,48+J :POKE B+30720,4
340 IF X=X(Z) AND Y=Y(Z) THEN RETURN
350 X=X+DX :Y=Y+DY :GOTO 330
390 RETURN
400 REM ZIEL HOLEN
410 I=0:I1=0
420 I=I+1 :IF A(I)<S THEN 420
440 IF F(I)=0 THEN I1=I1+1
450 IF I1<N THEN 420
460 Z=E(I) :RETURN
```

Bild 14.18 Haus-Programm

15 Lösungen der Aufgaben

2-1   Der Cursor zeigt die Stelle des Bildschirms, die bei der nächsten Betätigung einer Taste beschrieben wird.

2-2   Die Bildschirmzeile, in der der Cursor blinkt, wird mit der RETURN-Taste zur Bearbeitung an den Rechner übergeben.

2-3   Der Cursor wird auf das Y gesetzt und dann werden folgende Tasten betätigt:

$$\boxed{\text{INST}} \ , \ \boxed{\text{INST}} \ , \ \boxed{\text{INST}} \ , \ \boxed{\text{O}}, \ \boxed{\text{P}}, \ \boxed{\text{P}} \ .$$

2-4   Der Cursor wird auf das U gesetzt und dann werden folgende Tasten betätigt:

$$\boxed{\text{INST}} \ , \ \boxed{\text{R}}, \ \boxed{\text{CRSR} \Rightarrow}, \ \boxed{\text{CRSR} \Rightarrow}, \ \boxed{\text{DEL}}, \ \boxed{\text{B}}, \ \boxed{\text{CRSR} \Rightarrow}, \ \boxed{\text{CRSR} \Rightarrow}, \ \boxed{\text{leer}} \ .$$

2-5   Wenn sie mit der RETURN-Taste übergeben werden, speichert er sie als Programmtext.

3-1   Mit dem Fragezeichen wird das BASIC-Kennwort PRINT für die Ausgabe auf den Bildschirm abgerufen. Vor dem Fragezeichen dürfen Leerstellen und eine Zeilennummer stehen.

3-2
```
1Ø A = 2
2Ø B = 3
3Ø ?A*A + A*B + B*B
RUN
```
oder als 3. Zeile
```
3Ø ?A↑2 + A*B + B↑2
```

3-3
```
1Ø X = 12.25
2Ø Y =  3.5
3Ø Z =  3.5
4Ø ?X/(Y*Z)
RUN
```

3-4
```
1Ø X = 12.25
2Ø Y =  3.5
3Ø Z =  3.5
4Ø A = (X − Y)↑2/(X + Z)
5Ø ?A
RUN
```

3-5 Eine Variable kann als ein Speicherplatz (für eine beliebige, veränderbare Zahl) angesehen werden. Der Variablenname entspricht der Adresse des Platzes, der Inhalt des Platzes bildet den Variablenwert. Variablennamen bestehen aus einem Buchstaben, zwei Buchstaben oder einem Buchstaben und einer Ziffer.

4-1 Mit der STOP-Taste wird das laufende Programm unterbrochen.

4-2 Vor der Programmeingabe mit NEW den Programmspeicher löschen. Nach der Programmeingabe mit LIST den Inhalt des ganzen Programmspeichers anzeigen lassen.

4-3 Das Programm wird mit RUN (, RUN 1∅ oder GOTO 1∅) gestartet. Damit ist das Löschen aller Variablen verbunden, so daß A in Zeile 2∅ mit Null multipliziert wird. (Bei GOTO 1∅ tritt der gleiche Effekt auf, falls X nach der Programmeingabe kein Wert zugewiesen wurde; denn auch bei der Eingabe von Programmzeilen wurden die Variablen gelöscht.)

4-4 Wenn das Programm eingegeben ist, fahren Sie mit

        X = ∅.25
        GOTO 1∅

    oder mit

        A = 1
        GOTO 3∅

    fort.

5-1   2∅ ?TAB(1∅);B;TAB(2∅);A

5-2   2∅ ?TAB(1∅);B;
        3∅ ?TAB(2∅);A

5-3   1∅ ?"GEWICHT:";G;"KG"

5-4   1∅ ?SPC(3);"GEWICHT"
        2∅ ?SPC(3);G;"KG"

6-1   "ABC, DEF"

6-2   1∅ DATA "ABC, DEF"

6-3 Nein

7-1   1∅ INPUT A1, A2, A3
        2∅ AM = A1
        3∅ IF A2 < AM THEN AM = A2
        4∅ IF A3 < AM THEN AM = A3
        5∅ ? AM

```
7-2        10 INPUT N
           20 INPUT AM
           30 K = 1
           40 IF K < N THEN 70
           50 PRINT AM
           60 END
           70 K = K + 1
           80 INPUT A
           90 IF A < AM THEN AM = A
          100 GOTO 40
```

7-3   Wir müssen noch festlegen, wie der Wert von n bereitgestellt wird. Da immer über
      alle Artikel summiert werden soll, entscheiden wir uns für die Aufnahme von n in
      die DATA-Anweisungen. Diese richten wir auf ein Beispiel mit 5 Artikeln und den
      Preisen 17,50 DM, 21,00 DM, 123,80 DM, 99,80 DM und 37,90 DM aus.

```
          1 DATA 5
          2 DATA 17.5, 21, 123.8, 99.8, 37.9
         10 SZ = 0:SN = 0:L = 1
         20 READ N
         30 READ P : INPUT A
         40 SZ = SZ + A*P : SN = SN + A
         50 L = L + 1 : IF L < = N THEN 30
         60 PRINT SZ/SN
```

8-1   Die Kassette zurückspulen und das VERIFY-Kommando geben. Wenn die PLAY-
      Taste eingelegt ist, erscheint die Meldung

      FOUND Name.

8-2   AKT, ART, AST, AK, AR, AS, A.

9-1   Die erste Angabe (1) ist die Kanalnummer, die zweite (8) ist die Gerätekennzahl der
      floppy-disk und die dritte (15), die sog. Sekundäradresse, kennzeichnet den Kanal
      als Übertragungsweg für Kommandos.

9-2   Der Diskettenname ist für den Rechner ohne Bedeutung.

9-3   Wenn die Diskette in Laufwerk 1 liegt, wird nach LOAD "$1" und LIST deren In-
      haltsverzeichnis angezeigt. Im Programmspeicher steht das Inhaltsverzeichnis. Wenn
      Sie jetzt ein Programm entwickeln wollen, müssen Sie sicherstellen, daß keine Zeile
      des Inhaltsverzeichnisses erhalten bleibt. Am besten löschen Sie den Speicher zuerst
      mit NEW und bauen dann das neue Programm auf.

9-4   Über den Kommandokanal 1 wird die Aufbereitung der in Laufwerk 0 befindlichen
      Diskette veranlaßt. Alte Dateien werden gelöscht. Die Diskette erhält den Namen 3
      und die Identifikation 4.

9-5   Die geforderte Datei wird mit folgendem Programm erstellt:

```
10 OPEN 2, 8, 2, "0:TEST, SEQ, WRITE"
20 PRINT#2,1;CHR$(13),2;" , ",CHR$(13);4;" , ";5;
" , ";6;CHR$(13)
30 CLOSE 2
```

Das Lesen der ersten 3 Sätze gelingt mit

```
10 OPEN 3, 8, 3 "0: TEST, SEQ, READ"
20 INPUT#3, X : PRINT X
30 INPUT#3, X, Y : PRINT X, Y
40 INPUT#3, X, Y, Z : PRINT X, Y, Z
```

10-1   Wenn Spezialtasten wie z.B. die Cursorsteuertasten Bestandteil eines Ausgabestrings sind, werden sie bei der Ausgabe auf den Bildschirm interpretiert, bei der Ausgabe auf den Drucker hingegen als Zeichen dargestellt. Umgekehrt gibt es auch Zeichen, die vom Drucker als Steuerzeichen interpretiert werden (s. Druckerhandbuch), während sie auf dem Bildschirm als Zeichen erscheinen.

10-2
```
10 OPEN 1, 4
20 PRINT #1," X"," X ↑ 2"
40 INPUT "ANZAHL"; N : K = 1
50 INPUT X
60 PRINT #1, X, X ↑ 2
70 K = K + 1 : IF K < = N THEN 50
80 CLOSE 1
```

10-3
```
OPEN 5, 4
CMD 5
LIST
```

und nach dem Drucken

```
PRINT#5
```

11-1
```
10 INPUT "N";N
20 IF N < 0 THEN 10
30 F = 1
40 FOR K = 1 TO N
50 F = F*K
60 NEXT
70 PRINT F
```

11-2
```
10 INPUT"M,N";M,N
20 N = INT(ABS(N)) :REM N WIRD GANZ UND NICHT NEGATIV
30 B = 1 : L = 1
40 IF N = 0 THEN 90
```

```
50 FOR K = 1 TO N
60 B = B*M/L
70 L = L + 1 : M = M − 1
80 NEXT
90 PRINT B
```

11-3 Für KS ≠ 0 ist die Schleife

```
20 FOR K = KA TO KE STEP KS
    .
    .
    .
90 NEXT
```

gleichwertig mit

```
10 K = KA
20 REM
    .
    .
    .
90 K = K + KS :IF (KE − K)*SGN (KS) > = 0 THEN 20
```

11-4
```
10 INPUT "N";N:IF N < 2 THEN 10
20 DIM X(N), Y(N) :INPUT X(1), Y(1)
30 FOR K = 2 TO N
40 INPUT X, Y
50 FOR L = K − 1 TO 1 STEP − 1
60 IF X(L) < = X THEN 100
70 X(L + 1) = X(L) :Y(L + 1) = Y(L)
80 NEXT
90 L = 0
100 X(L + 1) = X :Y(L + 1) = Y
110 NEXT K
120 REM LESEN UND SORTIEREN FERTIG
130 FOR K = 1 TO N
140 PRINT X(K), Y(K)
150 NEXT
```

12-1
```
10 INPUT"N";N:IF N < 2 THEN 10
20 DIM X(N)
30 FOR K = 1 TO N:INPUT "X";X(K):NEXT
40 S = 0:GOSUB 80:M = S/N:PRINT "MITTELWERT =";M
50 FOR K = 1 TO N :X(K) = (X(K) − M)↑2 :NEXT
60 S = 0 :GOSUB 80 :V = S/(N − 1)
70 PRINT "VARIANZ =";V:END
80 FOR K = 1 TO N :S = S + X(K) :NEXT
90 RETURN
```

```
12-2    1Ø DEFFNAS(SX) = ATN(SX/SQR(1-SX↑2))
        2Ø DEFFNAC(CX) = ATN(SQR(1-CX↑2)/CX)

13-1    11Ø INPUT "M";M:M$ = STR$(M):L = LEN(M$)
        12Ø IF I < 5 THEN 11Ø
        13Ø IF MID$(M$, L-3, 1) <> "E" THEN 18Ø
        14Ø K$ = "ØØØ"
        15Ø IF MID$(M$, 3, 1) <> "." THEN K$ = "." + K$
        16Ø H$ = LEFT$(M$, L-4) + K$
        17Ø M$ = LEFT$(H$, 6) + RIGHT$(M$, 4)
        18Ø PRINTM$ :GOTO11Ø

13-2    21Ø INPUT "STRING"; Q$:L = LEN(Q$)
        22Ø IF L < 1 THEN 21Ø
        23Ø PRINT LEFT$(Q$, 1);
        24Ø IF L = 1 THEN 32Ø
        25Ø FOR M = 2 TO L
        26Ø E$ = MID$(Q$, M, 1)
        27Ø FOR N = 1 TO M-1
        28Ø IF E$ = MID$(Q$, N, 1) THEN 31Ø
        29Ø NEXT N
        3ØØ PRINT E$;
        31Ø NEXT M
        32Ø PRINT :GOTO 21Ø

13-3    41Ø INPUT "STRING"; Q$:L = LEN(Q$)
        42Ø IF L < 1 THEN 41Ø
        43Ø K = 1
        44Ø IF L = 1 THEN 56Ø
        45Ø FOR M = 2 TO L
        46Ø E$ = MID$(Q$, M, 1)
        47Ø FOR N = 1 TO K
        48Ø H$ = MID$(Q$, N, 1)
        49Ø IF E$ = H$ THEN 55Ø
        5ØØ IF E$ < H$ THEN 53Ø
        51Ø NEXT N
        52Ø N = K + 1
        53Ø Q$ = LEFT$(Q$, N-1) + E$ + MID$(Q$, N, M-N) + RIGHT$(Q$, L-M)
        54Ø K = K + 1
        55Ø NEXT M
        56Ø PRINT LEFT$(Q$, K) :GOTO 41Ø
```

Sachwortverzeichnis

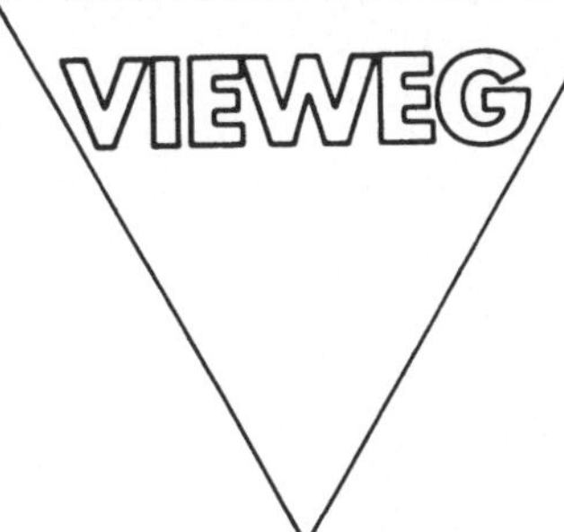

Programmieren von Mikrocomputern

Diese Bände geben den Benutzern von Mikrocomputern über die Betriebsanleitung hinaus zusätzliche Anwendungshilfen. Der Leser findet wertvolle Informationen und Hinweise mit Beispielen zur optimalen Ausnutzung seines Gerätes, besonders im Hinblick auf die Entwicklung eigener Programme.

Band 2
Gerhard Oetzmann
Lehr- und Übungsbuch für die
Rechnerserien cbm 2001 und cbm 3001

Mit 8 vollst. Programmen, zahlr. Beispielen und 32 Abb. 1981. VIII, 115 S. Kart.

Inhalt: Was ist BASIC? — Handhabung des Rechners — cbm-Arithmetik — Programmaufbau und -ausführung — Ausgabe auf dem Bildschirm — Eingabe — Verzweigungen — Benutzung des Recorders — Benutzung der floppy-disk — Benutzung des Druckers — Schleifen — Unterprogramme — Textverarbeitung — Demonstrationsbeispiele — Lösungen der Aufgaben — Sachwortverzeichnis.
(Der inhaltliche Aufbau ist für beide Bände gleich.)

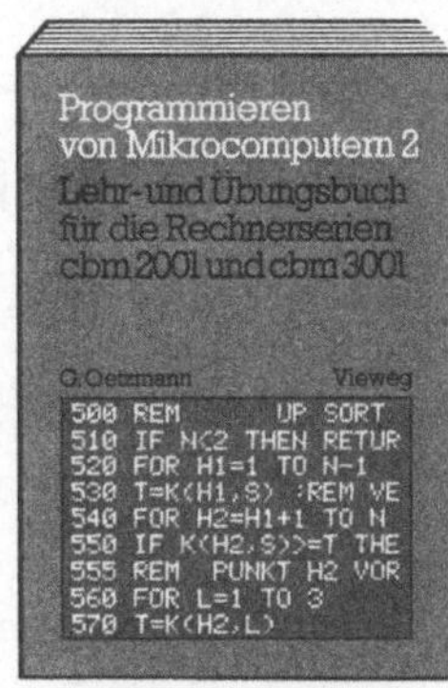

Band 5
Gerhard Oetzmann
Lehr- und Übungsbuch für die
Rechnerserien cbm 4001 und cbm 8001

Mit 8 vollst. Programmen, zahlr. Beispielen und 32 Abb. 1982. VIII, 119 S. Kart.

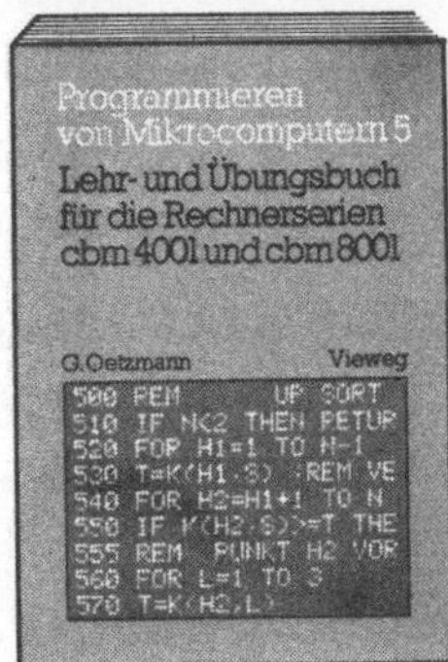

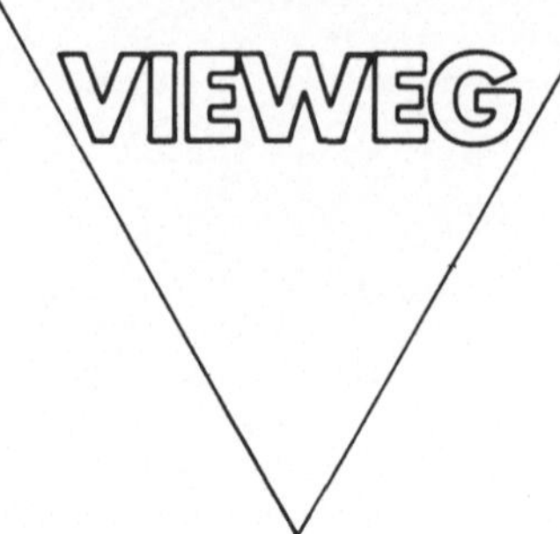

„Die Bibel"
für alle Elektronik-Fans

Otger Neufang (Hrsg.)

Lexikon der Elektronik

Mit ca. 550 Abb. 1983. Ca. 1000 S. 16,5 x 24 cm. Gbd.

Das „Lexikon der Elektronik" gliedert sich in 4 Teile:

- den eigentlichen lexikographischen Teil mit über 9000 Begriffen,
- einen Teil mit ca. 8500 Abkürzungen englischsprachiger Begriffe wie JFET, MIS, Mosfet, EEPROM, RAM, ROM und Kunstworten wie FORTRAN, Transistor usw.,
- ein englisch-deutsches Wörterbuch, das alle im lexikographischen Teil behandelten Begriffe erfaßt,
- ein umfangreiches Literaturverzeichnis mit fast 4000 Büchern.

Die Beschreibung der Fachbegriffe erfolgt in kurzer und knapper Form und berücksichtigt sowohl die Grundlagen der einzelnen Fachgebiete, als auch deren neueste Entwicklung. Beinahe hinter jedem Begriff ist der entsprechende englische Begriff vermerkt.